A. B.

SOUVENIRS

D'UNE

CONGRESSISTE

Mars — Avril

ORAN - TLEMCEN - ALGER

LYON

TYPOGRAPHIE ET LITHOGRAPHIE J. GALLET

2, rue de la Poulaillerie, 2

1888

A. B.

SOUVENIRS

D'UNE

CONGRESSISTE

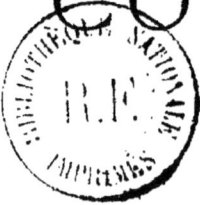

Mars — Avril

ORAN - TLEMCEN - ALGER

LYON
TYPOGRAPHIE ET LITHOGRAPHIE J. GALLET
2, rue de la Poulaillerie, 2
—
1888

SOUVENIRS

D'UNE CONGRESSISTE

Le 23 mars 1888, à 10 heures du soir, je montais, le cœur léger, dans le coupé qui devait me conduire à la gare de Perrache, où j'allais prendre le train de nuit, pour Marseille.

Quand je dis : le cœur léger, est-ce bien exact ? Oui et non. « Tu vas en Algérie, dans le pays du soleil. Tu quittes la brume lyonnaise pour la lumière, l'hiver pour le printemps, » chantait en moi, une voix caressante, et la douce musique de cette voix semblait répondre victorieusement aux plaintes aigres de la bise de mars qui soufflait ce soir-là. Pourtant, malgré ces riantes promesses, une mélancolie était au fond de mon cœur, l'étreignant secrètement ! mélancolie de ce qu'on laisse, de ce qui fait la vie de chaque jour : travaux, habitudes, affections, tristesses même..... chaîne à laquelle notre *moi* est rivé par de si puissantes attaches ! Heureux de la briser pour un temps et de s'échapper, il souffre, cependant de cette rupture. L'inconnu donnera-t il les joies promises ? nos curiosités seront-elles satisfaites ? les choses de demain combleront-elles le vide fait, tout à coup, par l'absence des choses d'hier ?

Ces pensées inquiètes s'élevaient dans mon esprit songeur, me donnant presque le regret du départ, pendant que roulait, dans le silence du soir, le coupé qui m'emportait. Le bruit de la gare, les lumières et les amis que je trouvais à la descente de la voiture, les firent s'envoler. Bientôt, je vis poindre mon compagnon de voyage M. G.... à l'extrémité de la galerie où s'alignaient les voitures du train. Après les baisers d'adieu et les souhaits de bon voyage échangés, j'avais retrouvé mon équilibre moral. La locomotive siffle. Adieu encore ! nous partons. Nous sommes partis !

Il y aurait une étude humoristique très piquante à faire, sur une installation de nuit, dans un compartiment de chemin de fer. On s'observe d'abord. Les retardataires, assez féroces pour les heureux propriétaires des coins, sont très décidés à ne pas les en laisser sortir, à moins que ce ne soit pour les prendre eux-mêmes. Ils s'étalent d'un air rogue, posant leurs jambes près des vôtres, comme des frontières inattaquables. Malheur à vous, si vous faites mine de les franchir ! vous n'avez de ressource qu'auprès des jambes d'en face, plus conciliantes, parce qu'elles ont aussi besoin d'un *laissez-passer*. Ce conciliabule terminé, chacun s'arrange pour dormir. Celui-ci exhibe un foulard antique, héritage de ses aïeux, dans lequel ont éternué plusieurs générations ;

celui-là, un bonnet grec, pâli au feu des additions ; les
élégants se coiffent d'un béret et se drapent dans une
moelleuse couverture. Vous reconnaîtrez toujours une
institutrice anglaise, à son chapeau cloche, abritant des
lunettes bleues et s'abritant lui-même sous un épais
mouchoir de laine : c'est le *pavillon britannique !*

Pour la vérité de mon récit, je dois dire que nous
n'avions, dans notre compartiment, ni foulard solennel,
ni vieille anglaise..... mais , d'aimables lyonnais :
M. E.-R.... fils du docteur bien connu, ex-chirurgien
major de l'Antiquaille, et son ami, M. Saint-C...., pro-
secteur à la Faculté des sciences. Ces deux Messieurs,
bien que n'occupant pas les coins où M. G.... et moi,
les avions devancés, ont été de la plus gracieuse cordia-
lité et nous ont montré, une fois de plus, qu'en certaines
lois, l'exception *excuse* la règle.

Congressistes d'Oran tous les quatre, nous jasions,
comme des écoliers en vacances, de Lyon, de l'Algérie,
des fêtes du Congrès, de notre programme d'excursions,
sans oublier le *mal de mer*, cette première et inévitable
étape, pour laquelle nous avions tous emporté des provisions..... de résignation et d'antipyrine ! Assez sceptique à l'endroit de ce mal, pour moi légendaire, je restais persuadée que je n'aurais pas plus besoin de résignation que de spécifique. Mais n'anticipons pas.

Le train nous déposait à la gare de Marseille, à sept
heures du matin. Les garçons balayaient la salle du
Buffet, où je pus me faire servir un café bien chaud qui
m'aidât à balayer, à mon tour, les traces d'une nuit d'in-
somnie. Puis, il s'agit d'aller aux bureaux de la Compa-

gnie Transatlantique retenir nos cabines sur le Paquebot. Vite en voiture et fouette cocher ! Nos billets en poche contre l'argent versé, et moi, bien assurée que nous serions au moins quatre dames, dans une cabine de six, pendant que ces Messieurs emportaient l'espérance d'être installés dans un dortoir improvisé, à la belle étoile, nous n'avions plus qu'à errer à l'aventure, dans ce grand Marseille, jusqu'à la quatrième heure du soir qui était celle où la *Ville de Rome* devait nous ouvrir ses voiles hospitalières, pour traverser la Méditerranée.

On peut toujours revoir Marseille, sans perdre son temps. La physionomie si animée de son port, de sa Cannebière ; sa population gaie, bruyante, ont un intérêt toujours nouveau, surtout pour les paisibles Lyonnais, si peu habitués à cette vie exultante ! De Lyon à Marseille, on fait un grand pas qui vous transporte d'un milieu indécis où se fondent en se neutralisant, les traits épars du Nord et du Midi, au cœur même de la nature méridionale. Puis, cette ville semble être le boulevard des Nations qui s'y croisent et s'y mêlent, confondant leurs idiomes et leurs produits.

Les montagnes d'oranges entassées sur les quais, les boutiques jonchées de légumes et de fruits exotiques, le patois sonore des femmes du Marché, tout a déjà une saveur orientale. L'une d'elles nous choisit une demi-douzaine de ses plus beaux citrons, nous plaignant, avec un rire franc et de grands yeux noirs narquois, d'avoir à traverser la Méditerranée et ne nous promettant pas l'efficacité de sa marchandise contre nos écœurements. *O las ! Poveros !* nous disait-elle.

Certes, la cathédrale de Marseille sera une belle chose, si l'on en juge par le temps qu'on met à l'achever. J'en aime assez l'aspect byzantin, mais quelle lourde maçonnerie dans l'intérieur ! Les dalles en mosaïque sont d'une grande richesse, le portique précédant l'entrée, très imposant. Elle est surtout admirablement située : vigie de pierre, elle surveille la Méditerranée du haut de sa puissante masse.

Mais ce que l'on revoit avec un plaisir infini, c'est la belle avenue du Prado, conduisant à la mer. Le 24 mars, les pousses printanières, seulement verdoyantes, ne l'enveloppaient pas encore d'ombre et de fraîcheur ; un vent aigre soufflait dans les branches et là-bas, tout au bout, faisait moutonner les vagues, déjà menaçantes, que nous allions braver dans quelques heures. Quel ravissant contour suit la route de la Corniche ! la belle ville et ses villas ombreuses, à droite, laissant entrevoir le profil de Notre-Dame de la Garde ; la mer, à gauche, chantant son éternelle Berceuse, caressante ou grondante. Elle était grondante ce jour-là, pleine de défis. Malgré sa colère, nous prenions possession de nos cabines, à 4 heures, sur la Ville de Rome.

La Ville de Rome est un des plus beaux transatlantiques. La Compagnie l'avait offert pour transporter à Oran, une assez forte majorité des membres du Congrès : 110 sur 350 s'y rendant par d'autres voies : l'Espagne, Alger ou Port-Vendres. En tout, 350 passagers remplissaient, plus que de mesure, la totalité du bâtiment.

Aussi, beaucoup d'entre eux se promettaient-ils de

braver la brise, l'orage, *le Ciel même*, pour éviter l'encombrement des cabines. J'étais du nombre, bien résolue à rester sur le pont, jusqu'à la dernière extrémité, autant pour jouir de la vue de la mer que je traversais pour la première fois que pour échapper à la Naupathie.

Quatre heures sonnent en ville. On attend encore un instant l'arrivée de l'express qui nous amène, en effet, quelques congressistes. Puis, la Sirène fait entendre sa voix stridente. On échange des adieux, des serrements de mains ; les amis et les curieux sortent du bateau et lentement, majestueusement, la Ville de Rome quitte le port, traçant son large sillon dans la route mouvante qui va nous conduire à Oran.

Immobiles, bien qu'agités d'émotions diverses, nous regardons Marseille s'effacer, peu à peu, dans la brume de l'horizon : les toits de ses maisons, ses clochers, les hauts mâts de ses navires sont les derniers à disparaître. Encore quelques tours d'hélice et la grande cité dormira dans la nuit du lointain, pendant que nous voguerons vers l'inconnu. Adieu, vieille France ! nous allons à la France nouvelle ! tu es pour nous le livre lu. Nous voulons en feuilleter un autre, mais nous te reviendrons :

> Comme l'on revient toujours
> A ses premières amours !

Il y aurait une autre description à faire, de l'installation à bord des passagers d'un transatlantique, non moins pittoresque que celle d'un compartiment de chemin de fer, avec la seule différence créée par le champ plus vaste des opérations. Mais, en se promenant de pont en pont, de l'avant à l'arrière, on croque, çà et là, de petits tableaux assez drôlatiques. On retrouve les foulards antiques et les consciencieux bonnets grecs. L'Anglaise a ajouté un plaid multicolore à son fichu de laine.

Quel est ce jeune étudiant, le chef couvert d'un béret blanc et travesti en miss voyageuse ? C'est Mme G... S., doctoresse de l'Opéra (rien que cela)... Elle va au Congrès. Une bonne dame, coiffée de boudins grisonnants, tricote gravement des bas pour Bébé, pendant que son vieil époux lit le *Sémaphore*, en relevant, d'un geste inspiré, les mèches affaissées de son toupet Louis-Philippe.

Ce ménage 1830 va-t-il reconquérir l'Algérie ?

Mais que de faces blêmes, ornées de lunettes sombres, derrière lesquelles se dérobe un regard *d'air delà* ! Inclinons-nous devant la science ; ce sont les gros bonnets du Congrès : astronomes, ingénieurs, docteurs ou professeurs, venus de toutes les Facultés, pour nous donner *celle* de les contempler ! Comme effet d'opposition, deux amoureux à l'écart. La jeune femme, étendue sur la banquette, repose sa tête sur les genoux de son compagnon. O le doux oreiller ! Passons discrètement devant ce couple en voyage pour la lune de miel.

Je remonte sur la dunette, ne voulant rien perdre du spectacle de l'immensité. Installée avec M. G... près d'un groupe du département de l'Indre, non parlementaire, mais très parleur, nous échangeons de gais propos avec nos voisins, entre lesquels je distingue un docteur célibataire, d'humeur gouailleuse, sceptique, mais amusant.... malgré son bonnet grec. Je le lui ai pardonné, parce que c'était un bonnet.... spirituel.

La mer houleuse montait sous l'effort du vent déchaîné
et le ciel, couvert de nuages noirs, semblait descendre
sur nous. Nous arrivions au Château d'If. Les vagues se
brisaient, affolées, contre les rochers de l'île de Monte-
Christo et retombaient, en poussière blanche, de la cime
des récifs noirs. La mer, couleur d'encre au midi, gardait
une teinte d'un vert glauque du côté de Marseille. Nous
étions secoués par un violent mouvement de tangage,
semblable à celui d'une immense escarpolette.

Se balancer ainsi, entre le ciel et l'eau, au bruit de la
rafale, sous les plaques humides d'un grain d'orage, peut
sembler à beaucoup de gens, un médiocre plaisir. Eh bien,
ne leur en déplaise, j'étais ravie ! Oh ! comme je me sentais déjà loin de la banale vie bourgeoise, si fermée, si réglée,
qu'elle ne laisse plus rien à l'émotion ! Comme j'admirais
cette lutte des éléments et surtout. l'intelligence humaine
qui les domine ! Nous étions là, seuls entre deux grands
infinis, et nous, les *finis*, les *petits*, nous passions fière-
ment, malgré eux, pour aller où le voulait, notre volonté !
— J'aurais peut-être philosophé longtemps, sans les pre-
mières nausées du mal de mer. Mes voisins avaient disparu, regagnant prudemment leurs cabines. Le docteur de
La Châtre avait seul résisté ; mais j'eus la gloire de rester
la dernière femme de notre groupe. M. G..., plus
aguerri, allait et venait, circulant, comme dans sa chambre, sur le sol ondoyant du bateau. La cloche du dîner
se fait entendre ; c'est le moment psychologique où les
vaillants vont essayer leurs forces de résistance. Avez-
vous de l'antipyrine ? Qui veut de l'antipyrine ? Appro-
chez. Messieurs et Mesdames!... Quelques fervents

avaient absorbé, dès le matin, à Marseille, une dose du spécifique, afin de préparer les voies, répétant la dose, à l'embarquement : ceux-là étaient morts depuis longtemps, enterrés dans les profondeurs de leurs cabines. Le Dr R..., qui recueillait impartialement des observations sur l'antipyrine, me prépare lui-même le breuvage réparateur, sur lequel je place un potage.... Patatras! l'un portant l'autre, tout s'en va.... à la mer... où je n'ai que le temps d'arriver. Mon initiation commençait : suspendue aux bastingages où je m'accrochais, je sentais les préludes sourds de ce mal abominable dont j'avais ri et qui se vengeait cruellement. Mais je voulais lutter et je restais, regardant le soleil, vainqueur de l'orage, resplendir tout au fond de l'horizon, dans l'orbe lumineuse s'irradiant autour de lui. Les vagues semblaient se calmer à son aspect. Hélas! mes agitations intimes ne faisaient pas silence!... Le grand astre resta quelques minutes dans sa gloire, éclairant les eaux et les cieux d'une lueur d'incendie, puis il s'abaissa lentement et disparut dans les flots.

Je n'avais plus qu'à disparaître aussi, comme le soleil! Il me fallut l'appui du bras de M. G... pour gagner ma cabine où je ne puis que tomber sur un pliant. Quant à monter sur ma couchette, perchée au premier étage, il n'y faut pas songer. — D'où viennent les gémissements qui frappent mon oreille? d'un coin obscur où se lamente une fringante parisienne ; elle est venue échouer là, pendant l'orage, et de sa couchette appelle du secours! Mais la tourmente seule, qui reprend de plus belle, répond à sa voix ; la femme de chambre, malade aussi, a disparu.

Je veux me déshabiller, et, tout en cherchant un peu
d'équilibre pour déboucler ma sacoche, je songe : Un
monarque fugitif s'écriait : *Mon royaume pour un cheval !*
Je donnerais bien ma bourse de voyage pour un peu de
terre ferme ! Et dire que l'on en a chez soi... et que l'on
n'y reste pas ! !

Enfin, à nos appels désespérés, le garçon de salle
accourt. Il m'improvise un lit de camp, sur lequel je me
jette, expirante. Ah ! le brave garçon !... n'était son zèle
inutile pour nous exhorter à retenir... *nos expansions*, il
nous a rendu de vrais services et je lui passe la pointe de
malice avec laquelle il nous disait, répondant à nos inter-
rogations sur la disparition de la femme de chambre « vous
la verrez assez, à l'heure des étrennes. »

Quelle heure était-il quand je cessai de souffrir ? Je
n'en sus jamais rien, mais j'entendais l'hélice affolée et
les coups sourds et prolongés de la mer, battant les flancs
du bateau. Ma compagne geignait toujours, dans une
tonalité suraiguë, dépassant les registres connus. Je lui
faisais un accompagnement en sourdine. Enfin, vers le
matin, tout s'apaisa, au dehors et au dedans. La femme
de chambre, émergeant de l'ombre du couloir comme
une naufragée, nous apporta un bouillon réconfortant.
Le Dʳ R.... et M. G... vinrent s'assurer de mon existence et me donner des nouvelles des autres passagers.
Le Dʳ R.... était resté seul sur le champ de bataille pour
compter les morts et les blessés, et constater la défaite de
l'antipyrine par la naupathie triomphante.

A midi, je pus me lever et remonter sur le pont. La
ville de Rome longeait à cette heure l'île Majorque, dont

je pouvais apercevoir au loin, les hauts sommets couronnés de neige. Ah ! la bonne journée, après les angoisses de la nuit ! Assise à l'abri du vent, au centre du bateau, je regardais la mer, sans lui en vouloir, la mauvaise, de ce qu'elle m'avait fait souffrir. Elle est si belle ! Peut-on ne pas aimer ce qu'on admire ? Une petite Sœur des Pauvres, que j'avais vue surgir, tout à coup, d'une niche de notre cabine, proprette et fraîche comme si elle tombait du ciel, m'avait suivie et restait sous l'ombre de mon ombrelle. Vous n'avez donc pas été malade, ma sœur, je ne vous ai pas entendue ? lui disais-je. Oh ! si, me répondit-elle, mais j'ai dit tout le temps mon chapelet. La bonne Mère m'a guérie ! Avis aux fervents de l'antipyrine ! Elle n'avait jamais vu la mer, arrivant directement d'une petite ville de Bretagne, située loin des côtes, pour se rendre à Oran. Elle regarda un instant l'immense étendue, sans enthousiasme, puis, frissonnante sous la brise, elle se hâta de regagner sa couchette, sans doute pour recommencer dévotement son rosaire. C'était sa manière, à elle, d'admirer l'œuvre de Dieu !

Restée seule, je m'abandonnai au bonheur de jouir de cette œuvre, de contempler le ciel lumineux, les eaux calmées, ayant au cœur cette émotion vague qui flotte sur toutes choses, ne se repose sur rien, mais vous inonde, pourtant, d'intimes délices. Les belles choses de la nature donnent seules ce bien-être ineffable, fait de calme et d'adoration : on se sent baigné dans un infini de grandeur, de beauté accomplie et l'on éprouve la sensation vive d'avoir entrevu l'invisible idéal.

Nous arrivions à la hauteur des îles d'Iviça et de For-

mentera que la Ville de Rome laissa assez loin; Iviça à
droite, du côté de l'Espagne, Formentera à gauche. Les
vagues moutonnaient encore et le soir approchait. Inter-
rogé sur les probabilités du temps, le capitaine nous ras-
sura. La cloche du dîner sonna. Confiante, je pris place
à la table d'hôte, où je retrouvai les Lyonnais, M. G...,
M. R..., toujours invulnérable, son ami, M. St-C...,
moins brillant, car il ne pût achever le repas. Je fis
à la cuisine de la Compagnie une fête aussi grande que
l'était mon appétit, et je pus assister au coucher du roi
Soleil, dans de meilleures conditions que la veille. L'astre rentra dans son repos, avec la même pompe rutilante,
pendant que modestement, de l'autre côté de l'horizon,
montait la lune, un peu voilée, prenant sa place dans
le Ciel, comme dans la vie, à l'heure du soir, l'amitié
douce remplace l'ardent soleil de l'amour!

Je restai la soirée entière sur le pont, dans cette profonde accalmie qui succède aux convulsions des choses.
Nous glissions silencieusement sur les eaux apaisées. La
lune resta voilée; parfois, elle apparaissait, furtive, et sa
lueur plus vive accentuait davantage la traînée brillante
étendue sur les vagues, ondulant avec elles, semblable à la
tunique flottante d'une Ondine, tissée d'eau et de lumière.

Indifférente à ce spectacle, la majorité des passagers
avait envahi le salon pour écouter débiter ou chanter les
amateurs de bonne volonté. Comme si l'on n'avait pas
toujours le temps de retrouver ses semblables, lorsqu'on
n'a rien de mieux à voir! Mais les préférer à la grande
poésie d'un soirée en mer, c'est vraiment leur faire trop
d'honneur!

Quelle heure est-il ? Minuit. Malgré le charme de la nuit, le pont est vide de passagers. Il faut se reposer, pourtant. Je rentre dans une cellule, où je dors profondément. Le matin nous trouve tous debout, les valises bouclées, car on arrive. Déjà, les montagnes côtières sont signalées. Là-bas, dans ce pli de roches roussies, se cache Oran. Nous approchons. Les lunettes se braquent. Nombre de gens inconnus, pâles comme des spectres, apparaissent aux yeux surpris. La Ville de Rome vide son fond et vomit sa réserve. A 9 heures, le 26 mars, nous entrons dans le port d'Oran, après 41 heures de traversée.

ORAN

Une foule nombreuse se pressait au port de débarquement, car la population oranaise attendait les congressistes et savait que la Ville de Rome devait en amener un assez grand nombre. Cette cohue bigarrée, mélangée d'européens, de nègres et d'arabes, m'apparaissant tout à coup, me donne l'illusion d'une troupe de figurants animant une scène d'opéra. Suis-je au théâtre ? Vient-on de lever le rideau ? J'attends le chœur d'ouverture..... il retentit à la descente du bateau, mais dans une tonalité inconnue à l'Harmonie ! Au travers des clameurs gutturales de ces choristes d'outre-mer, j'entends une voix bien connue : Bonjour, ma cousine ! C'était mon excellent L... et sa sœur, ma toute charmante J... venus tous deux me cueillir à l'arrivée. Nous montons en voiture, escortés d'un superbe négro portant, en bandoulière, le nom de l'Hôtel de la Paix, où je dois loger et où j'arrive, avec cette première et heureuse sensation de la terre ferme retrouvée. On me montre la chambre, retenue pour la modique somme de 8 francs par jour (mais en temps de congrès !) et je m'installe.

L'heure de midi nous trouve réunis en famille, rue de l'Arsenal, chez ma chère petite J... Encore un groupe de lyonnais, mais où la parité d'origine est doublée de celle des liens du sang et de ceux du cœur. Aussi, quel bon repas joyeux, fraternel, où je raconte les péripéties de la traversée avec le plaisir que l'on trouve à narrer les dangers auxquels on a échappé et les choses ennuyeuses, quand elles sont passées. L... et son aimable H..., arrivés d'Alger la veille, devaient passer à Oran les vacances de Pâques. La fête de l'amitié se joignait pour moi, à celles du congrès.

Des fenêtres du logement de J..., je jette un premier regard sur la baie d'Oran, placée tout en face. Le grand Transatlantique au repos y mouille ses robustes flancs. Au delà, un contour de falaises abruptes, chaudement colorées, est surmonté d'une croupe montagneuse appelée le *Djébel Khar*, la *montagne des Lions*. Est-ce parce qu'elle affecte la forme de lions accroupis ou parce qu'elle était le refuge de ces terribles félins ? Dunes de sable et croupes arrondies sont baignées d'une vive lumière : la lumière africaine.

L .. me propose une promenade en voiture à travers Oran. J'accepte, car c'est le meilleur moyen d'avoir une idée d'ensemble, exacte et rapide, de la configuration d'une ville.

Je ne veux pas ici faire œuvre de guide et remplacer *Piesse*, dans la description topographique d'Oran. Je ferais mieux d'y renvoyer les amateurs de notions géographiques. — Je ne puis taire, pourtant, l'aspect pittoresque de cette ville, située au fond d'une baie, sur les deux versants d'un ravin qui la coupe tout au long. Cette coupure, en Arabe (*Ouahran, la coupure*), lui a donné son nom. Une rivière, l'*Oued-Rehhi*, la rivière des moulins, coule au fond de ce ravin, recouvert par un tunnel sur lequel s'élèvent des maisons et des boulevards. La partie basse de la ville renferme le port. Puis, brusquement, les maisons s'étagent, s'accrochant à droite, du côté de l'ouest, à la montagne du *Mourdjadjo*, couronnée d'un vieux fort espagnol, grimpant le long des gradins de la coupure, jusqu'à la ville haute, occupée par le quartier neuf. La superbe promenade de *Létang* dessine, au cœur de la ville, ses allées ombreuses, dominant la mer et faisant une oasis de repos et de fraîcheur aux promeneurs fatigués, bien vite, des montées et des descentes perpétuelles de cette ville en échelle. Des bouquets de palmiers et des fontaines ornent les places publiques, dont la plus spacieuse est, dans la ville haute, la Place d'armes, d'où l'on a une jolie échappée sur la mer, mais dont la plus pittoresque est, dans la ville basse, celle de la République, surplombant le port, encadrée à gauche par les pentes boisées du *Mourdjadjo*, à droite par les allées verdoyantes et sinueuses de la promenade de *Létang*.

Faites circuler, maintenant, dans ces rues grimpantes et descendantes, sur ces places ombragées de palmiers, la population indigène la plus variée, où se croisent les burnouss arabes, le long manteau rouge des spahis, l'antique lévite des Juifs, l'uniforme des zouaves et des turcos, la veste bariolée des Marocains, l'alhamar (1) des

(1) Couverture de grosse laine rouge.

Espagnols et le frac européen, vous aurez une idée de l'originalité du tableau.

Il y a de beaux nègres à Oran, de vrais nègres d'ébène, d'un type très pur. Ils remplissent l'office de serviteurs, de commissionnaires, même de bonnes d'enfants. Je n'oublierai pas l'expression de bon chien dévoué d'un jeune négro portant une élégante Baby, dont la toilette blanche faisait vigoureusement valoir le noir lustré de son épiderme. Quel sourire caressant entr'ouvait ses lèvres épaisses, laissant voir ses dents éblouissantes !

Partout en Algérie, ce reflet de bonhommie de la physionomie des nègres m'a particulièrement frappée. On les dit pourtant méchants, cruels même. Je crois que ce doit être l'exception.

Les négresses sont nourrices et bêtes de somme. Elles sont plus épaisses que grandes, et malgré l'opulence de leurs formes, cheminent d'un pas alerte, à peine enveloppées d'un indigent *haïk* à rayures ternes, portant de lourds fardeaux, avec une facilité d'allure qui ne trahit aucune fatigue.

Quant aux Arabes, ils respirent l'indolence, mélangée d'une sorte de dédain qui n'est, au fond, qu'une profonde indifférence. Vous pouvez marcher sur ces enfants de l'Islam accroupis ou étendus aux portes des cafés, le long des boutiques, dans les angles des rues, sans qu'ils daignent se déranger. Ils personnifient le fatalisme immobile, laissant passer toute chose parce qu'il ne peut l'empêcher. A côté de cette insouciance, une certaine grandeur qui les fait toujours échapper à la trivialité, des allures majestueuses, un sens artistique très spontané dans les

2

attitudes. Rien ne peut traduire l'élégance grave avec laquelle ils se drapent, leurs gestes nobles et lents. Quand ils s'abordent en s'inclinant, posant une main sur le cœur et se baisant l'épaule, puis, leurs *salamalecs* terminés, s'asseyant en cercle, vous croyez voir un auguste aréopage, discutant les plus hautes questions. Le plus souvent, ce sont de pauvres hères, causant simplement du taux du marché ou de leurs modestes trafics.

Leurs traits sont sculpturaux. Le regard de leurs grands yeux rêveurs reflète je ne sais quelle poésie triste : celle du désert dont ils viennent. Ils ont le nez busqué, la bouche sensuelle ; le noir mat de la barbe s'enlève bien sur le teint bronze clair. La taille est élevée, imposante. Lorsque cet ensemble revêt un riche costume bien drapé : le burnouss soyeux, éclatant de blancheur, recouvert du manteau rouge des caïds, flottant au vent, vous avez l'expression la plus accomplie de la beauté humaine : la ligne et la couleur réunies.

Les femmes arabes sont moins belles dans leur costume de la rue, peu flatteur et nullement fait pour favoriser l'élégance. Elles ressemblent assez à des fantômes, dans leurs grands haïks qui les enveloppent tout entières, ne laissant voir qu'un œil par une étroite ouverture. Lorsque cette enveloppe est malpropre (chose fréquente), elles évoquent le souvenir d'un paquet de linge sâle ambulant. — Parmi elles, circulent de splendides juives, vêtues de robes damassées d'or et de soie, et d'un long châle de cachemire, tombant de la tête aux pieds. Sur le front, une calotte de soie noire emprisonne les cheveux et retient, sur la nuque, un foulard de nuance vive, flottant comme un voile derrière la tête. Quelques-unes ont la beauté correcte, fière, du type juif, et vont, majestueuses, avec des allures de Rachel ou de Rebecca. D'autres, malpropres, couvertes de guenilles mal dissimulées sous un grossier châle rouge, ont l'aspect le plus sordide.

Mais les enfants, arabes, nègres, juifs ou espagnols, sont adorables sous les lambeaux multicolores qui abritent à peine leur chétive nudité, avec leurs yeux brillants, leurs lèvres souriantes, s'ouvrant sur une éclatante rangée de fines incisives. Toujours gracieux, même lorsque vous leur refusez le sou demandé, ils ne ressemblent pas à nos petits mendiants effrontés, aux regards sournois, graines de voyous contenant déjà le germe de toutes les haines. La misère ne leur pèse pas. Ils vivent insoucieux et gais, dans la liberté de la rue, comme les oiseaux dans l'air, avec l'instinct nomade de leur race et font des kilomètres pieds nus, derrière les diligences ou les voitures de place, criant *Merci* avec un bon rire, quand on leur jette quelques *soldi*, qu'ils ramassent en se bousculant.

Cette première course m'avait permis de grouper, à grands traits, ces observations rapidement esquissées. Je m'arrête au retour, à la grande Mosquée. Elle n'a de remarquable qu'un joli porche où je fais connaissance avec les fioritures de l'architecture arabe. Je devais en voir de bien autrement belles à *Tlemcen*. Aussi, je n'en parle que pour mémoire.

On ne se doute pas en parcourant la moderne Oran, de ses nombreuses vicissitudes politiques.

Fondée par les Arabes l'an 290 de l'Hégire, 902 de Jésus-Christ, elle passa sous une longue succession de Califes; fut prise, reprise, dévastée et brûlée, nombre de fois, jusqu'à sa conquête par l'Espagne au XVIe siècle. De nouveau en butte aux attaques réitérées des Turcs, elle passa de la domination espagnole à celle des beys de l'ouest en 1792, et tomba en notre pouvoir, après Alger, en 1831.

La plupart des sièges qu'elle eut à subir eurent pour théâtre, le port de *Mers-el-Kébir*, un des arsenaux importants de la marine militaire, sous la domination arabe et plus tard espagnole.

Il a perdu son importance et sert aujourd'hui de rade aux navires de toutes les nations.

Mais il reste le but d'une superbe promenade que nous faisions en famille, le 27 mars.

Installés dans une grande calèche découverte, nous traversons le quartier espagnol *la Blanca*, gagnant lentement, les bords de la mer. Le temps est magnifique, l'air délicieux. Un beau soleil répand ses chauds rayons sur la rampe de rochers, couleur de rouille, qui surplombe la route. Presqu'au sortir d'Oran, on peut suivre du regard la courbe de cette route, entre la ligne rocheuse et la mer, qu'elle enserre dans un vaste quart de cercle, terminé, au loin, par le port de *Mers-el-Kébir*. C'est dans cette rade naturelle que sont venus, tour à tour, s'abriter ou combattre, les navires des sultans et ceux des chrétiens. Elle est vide aujourd'hui et ne réfléchit que l'azur du ciel. A gauche, dans les anfractuosités des roches, les palmiers nains disputent la place aux touffes de fleurs sauvages, d'un coloris splendide : la lavande, le grand réséda blanc, les glaïeuls pourprés, les soucis d'or de la flore oranaise, dont les pétales étroites se ferment le soir, les iris bleus, les belles marguerites, larges comme des soleils, dont la teinte graduée, s'irradie du blanc pur au jaune vif, etc, etc. H... et J... ravies sautaient de la voiture, à tout instant, pour cueillir les gerbes fleuries dont elles firent, au retour, de splendides bouquets.

Nous passons devant les Bains de la Reine, petit établissement thermal où Jeanne d'Espagne, fille d'Isabelle la Catholique, fit de nombreuses baignades. Nous traversons les villages de Sainte-Clotilde et de Saint-André, peuplés de pêcheurs espagnols, et nous arrivons à l'antique forteresse de Mers-el-Kébir, située sur l'extrémité d'une pointe rocheuse qui s'avance dans la baie.

Le fort est occupé par un détachement de zouaves. Nous demandons au planton, gardien de l'entrée, la permission de le visiter et, pendant qu'il va la chercher, nous essayons de déchiffrer une vieille inscription, gravée dans la pierre, au-dessus d'une citerne espagnole. L'enceinte extérieure de la forteresse forme là, une sorte de rond-point, à peu près clôt. D'un seul côté, une brèche ouverte laisse le regard glisser entre les rochers dorés, sur un pan de mer bleue, et remonter le long des pentes vertes de la rive opposée..... Cette ravissante échappée, lumineuse sous le soleil, retient mes yeux charmés.

Quel pays! et combien cette fulgurante lumière devait allumer d'éclairs, dans les mêlées sanglantés des Turcs et des Chrétiens, des Espagnols et des Maures, si souvent aux prises dans cette citadelle, placée là, comme la sentinelle avancée d'Oran! Ces falaises rousses ont-elles gardé la teinte mal effacée, de tout le sang répandu par le sabre des jannissaires, plus tard, par les dagues de Philippe V, jusqu'au jour où le capitaine *Leblanc* s'emparait de la forteresse par un coup de surprise et y plantait le drapeau français?

Le tombeau de ce brave, recueilli dans la citadelle, garde la place qu'il a si brillamment conquise.

Un jeune zouave, à la tête fine et intelligente, nous escorte pendant notre visite. Je veux le féliciter d'habiter ce coin pittoresque... mais *lui* ne soupire qu'après le retour à Oran... Du Phare, on plane sur la haute mer, calme et belle. Ah! que je me sens loin de France, surtout de mon brumeux Lyon, dans ce cadre éblouissant!

Nous reprenons le chemin d'Oran, rapportant nos fleurs, admirant les tons violacés que met le soleil couchant à la crête de la montagne des Lions. — Tout au long, sur la route, passent des paysans espagnols, très beaux sous leurs *sombreros*; des Arabes, couchés dans leurs charrettes ou escortés de *bourricos* ensevelis sous d'énormes charges de feuillages. C'est la fin du jour et la rentrée des travailleurs. Au-dessus d'Oran, la pleine lune semble un globe enflammé. J'ai, pour la première fois, la sensation de la pureté lumineuse de l'air africain qui donne au crépuscule, des tons colorés d'Aurore. Dans ce beau pays, l'ombre n'est pas la nuit : c'est le jour adouci.

La promenade de Mers-el-Kébir m'avait fait connaître la banlieue maritime d'Oran. Il me restait à voir celle de la plaine, pour avoir une idée exacte de ses environs. Une autre course nous conduisait au-delà de la gare de *Karguentah*, sur la route d'Alger. Mais, hélas ! quelle nudité triste, monotone. La campagne ressemble à un steppe désolé ; sans eau et sans arbres ! Pourtant, çà et là, quelques champs cultivés entourent des fermes arabes voilées de Bella ombra, d'eucalyptus, d'amandiers, de figuiers. Les blés verts ondulent sous le vent et semblent une autre mer. A quelques kilomètres de la ville, un petit lac salé étend ses eaux saumâtres, dans la lande uniforme. Plus loin, au-delà de Valmy, un autre grand lac salé ou *Sebkha* de 32,000 hectares de superficie, à sec les trois quarts de l'année, se couvre spontanément de végétation, dans le voisinage des sources d'eau douce, lorsqu'on a, par des levées de terre, empêché l'irruption de l'onde saumâtre. Des industriels européens avaient proposé de le déverser au moyen d'un canal, pour écouler vers la mer les 90 millions de mètres cubes d'eau salée que contient la Sebkha et qui se vaporisent pendant l'été. On a reculé devant la dépense. Je remarque la teinte rouge de la terre des environs d'Oran, due à la prédominance des minerais de fer.

Cette campagne plate est heureusement égayée par les dessins capricieux de sa rustique flore, d'une si chaude coloration. On retrouve les genêts d'or, les coquelicots, les grandes marguerites ombrées, les soucis jonquille, en bordure, le long des cactus épineux. Quelques poteaux faisant tête à de jeunes arbres plantés en forme d'avenues, nous arrêtent. Ils sont surmontés d'écriteaux. Nous lisons sur le premier : *Village del Monte ;* sur un autre : *Avenue Pasteur* ; sur un troisième : *Rue de Venise !* Grande stupéfaction ! c'est un village encore inhabité, dont les maisons et les terrains attendent des propriétaires. Pour les attirer, on a créé des rues, des promenades ; l'avenue Pasteur devra les prémunir de la crainte de la petite vérole, et la rue de Venise de celle de l'absence d'eau. O sage prévoyance ! Le Gouvernement emploie ce moyen pour achever la colonisation de l'Algérie.

— Le grand défaut de la campagne d'Oran, c'est le manque d'eau, dû à la rareté des pluies et aussi à l'absence de toute rivière. Cette absence explique celle des arbres, et cette raison me semble plus péremptoire que les autres raisons données par les gens du pays : l'antipathie des Espagnols pour l'arboriculture ou l'abattage des arbres, à l'époque de la conquête française.

Et le Congrès ? L'ai-je oublié ? Non. Il s'ouvrait le 29 mars, dans une séance solennelle où je retrouve les passagers de la Ville de Rome, et quelques célébrités parisiennes : députés, sénateurs, ingénieurs, géographes, docteurs, tous plus ou moins membres de l'Institut.

On commence. Le préfet, M. Dunègre, possesseur d'une belle tête brune, très décorative, prononce quel-

ques paroles de bienvenue aux savants français, au nom
de la province d'Oran. Le Maire réplique au nom de la
ville. M. le colonel Laussedat, notre président, leur répond au nom de la France et des congressistes.
Son discours long, substantiel, semble fort intéressant, mais on ne l'entend pas. D'autres orateurs lui
succèdent. Après toutes ces réciproques congratulations,
la séance est levée. Nous sommes en plein Congrès.

Au sortir de la séance, halte au Musée de la ville. De
création récente, il ne contient guère que des pierres
épigraphiques de l'époque romaine, de la poterie kabyle,
des médailles, des monnaies, et surtout de belles mosaïques trouvées à Saint-Leu, près d'*Arzew* (l'ancien *Portus
Magnus*), colonie romaine florissante au IIIe siècle, aujourd'hui petite ville du littoral possédant un port marchand
très mouvementé). Ces mosaïques, presque de grandeur
naturelle, d'une coloration très vive, représentent les
travaux d'Hercule et le triomphe de Bacchus.

Le même soir, à 8 heures, réception ouverte à
l'Hôtel-de-Ville, dont nous devons inaugurer les salons
neufs. Mais, quel remous de population sur les escaliers et dans les couloirs ! La garde urbaine, débordée,
ne peut faire face à l'invasion ! On appelle cela une
réception ouverte, mais elle est fermée, et les pauvres
congressistes sont à la porte ! Après une demi-heure
d'attente qui nous donne le temps d'admirer, dans tous
ses détails, la belle rampe d'onyx de l'escalier (frère
bâtard de celui de l'Opéra), nous pénétrons enfin !

Les salons dorés ressemblent à tous les salons offi-
ciels, et les peintures trop fraîches, qui décorent le pla-

fond de la galerie des Fêtes, ont une enluminure criarde de mauvais goût. La population oranaise, conviée à cette réception *trop libre*, nous offre des spécimens de ses diverses variétés. Les juives, fardées, à l'œil brillant, à la chevelure lustrée, drapées dans leurs châles couleur sang de bœuf, se promènent en bandes et coudoient les Monolas à l'air mutin. Les bourgeoises françaises font galerie sur les banquettes. Une demi-douzaine de Chefs arabes décorés, couverts de colliers et de plaques de diamants, sont groupés au centre du grand salon. On attend M. Tirman, le gouverneur de l'Algérie, qui va faire son entrée..... Le voilà. De petite taille, d'une physionomie effacée, il passe modestement, escorté du Préfet et du Maire, faisant assez pauvre mine, à côté de ces grands et beaux arabes ! Il est sans doute fort intelligent, mais ce n'est pas sous cette forme qu'on rêve le représentant de la France, en Algérie. Comme toutes les nations primitives, le peuple arabe subit le prestige de la puissance, mais ce prestige a besoin d'une manifestation extérieure, répondant à un idéal de force et de grandeur.

Quelle est cette jeune et assez jolie femme, tête nue, la robe légèrement ouverte, au bras du vieux colonel arabe Ben-Daoud ? Ah ! je la reconnais : c'est Madame G... S... la doctoresse, le petit béret blanc du bateau. Elle a changé ses allures d'étudiant contre celles d'une Muse de la science. Ah ! voilà le docteur de la Châtre et ses deux compagnes. Nous échangeons d'amicales salutations, sur un terrain plus solide que celui de la Ville de Rome. Je rencontre d'autres congressistes de l'Hôtel de la Paix : entre eux, le professeur commandatore Ragona, directeur de l'Observatoire de Modène, l'habit constellé de décorations de tous ordres. Fervent de la science, il ne manque à aucun congrès.

Des hautes fenêtres de la salle des Fêtes, nous regardons la foule bigarrée et bruyante, amassée sur la Place d'Armes, pour jouir de la vue de l'Hôtel-de-Ville traversé de lignes de feu. C'est un beau spectacle.

Je tiens à relater ici, que l'Hôtel-de-Ville d'Oran, le plus bel édifice de ce genre qui soit en Algérie, est l'œuvre d'un ami, M. F. Estibot, ex-architecte de la ville d'Oran, aujourd'hui à Alger. Il est aussi l'auteur des bâtiments du lycée, magnifique construction où la brique et la maçonnerie, heureusement alternées, donnent une note gaie à ce séjour d'études et de pensums, appelés si dédaigneusement *la boîte* par les écoliers.

C'est dans le lycée qu'étaient installés le secrétariat de notre Société et les diverses sections du Congrès.

Voulez-vous, ma cousine, visiter le quartier juif ? me demandait le lendemain, maître L. G... mon aimable cicérone et cousin. Avec plaisir, répondais-je.

Nous partons pour ce séjour peu enchanteur, situé tout à côté de la place d'Armes. Nous suivons une longue rue étroite et malpropre, bordée de boutiques puantes, d'où s'échappent des exhalaisons d'huile rance, marchant sur des débris informes de victuailles, mélangées d'ordures, et jetant un œil curieux au fond de ces taudis où s'agitent, dorment et travaillent, les enfants

d'Israël. Ici, c'est une échoppe d'usurier : Derrière
une grille rappelant vaguement la ménageriè, un vieux
juif sordide attend la victime qu'il doit tondre. Là,
un gargotier fait sa cuisine, presque dans la rue et vend
des sardines frites à de belles filles, vêtues de robes
traînantes, devenues loques, après avoir été de riches
étoffes. Sous le châle, on aperçoit les manches brodées
d'argent de la veste de velours : leur costume est un
assemblage pittoresque de sale misère et de luxe criard.
Plus loin, c'est un savetier qui raccommode une paire de
vieilles babouches qu'un arabe étendu, attend à sa porte ;
un barbier entouré de clients, rasant et jasant ; une salle
étroite, enfumée, où juifs et arabes dégustent le café
maure, dans une promiscuité qui n'est pas synonyme de
sympathie, car ils se détestent. L'arabe a pour le juif,
qui le vole, un souverain mépris. Sur le seuil de portes
cochères donnant accès dans les riches maisons, de
beaux vieillards, à barbes de patriarches, vêtus à l'antique mode juive, de la longue lévite et de la ceinture de
peau, le turban roulé autour de la tête et le manteau
drapé : Eléazar ou Abraham !...

Mais ce souvenir biblique est rapidement effacé par
l'aspect mercantile de l'ensemble de la rue. La seule impression qui reste et celle de la vénalité basse, prenant
là ses racines, pour devenir l'arbre géant qui se ramifie
dans toute l'Algérie. Les juifs sont la lèpre algérienne
comme ils sont la nôtre. Ici, comme en France, ils sont
à la tête de tous les comptoirs et possèdent les plus
grandes fortunes territoriales. J'ai entendu plus d'une
fois exprimer le vif regret des droits de nationalité qui

leur ont été concédés par Crémieux et Gambetta. Leur puissance est triplée depuis cette époque.

Nous avions besoin de nous rafraîchir après cette expédition nauséabonde. Nous nous installons devant le café de l'Hôtel Continental et tout en buvant un bock, nous regardons deux voitures escortées d'arabes, arrêtées devant l'Hôtel. Dans l'un de ces arabes, je reconnais le colonel Ben-Daoud. Près d'eux, des congressistes semblaient attendre. Intriguée, je prie L... de s'informer. On lui explique qu'il s'agit d'une petite excursion privée, organisée pour quelques dames du congrès. Mais j'entends murmurer que l'on doit introduire ces dames dans un riche intérieur arabe, de la haute ville.

Quel émoi ! c'était mon désir le plus vif !

J'allais me faire inviter, lorsqu'un de ces messieurs, me reconnaissant pour une *des leurs*, s'approche gracieusement et prévient ma demande. J'accepte son offre et laissant là mon compagnon, je monte en voiture.

Nous allions chez un parent de Ben-Daoud, dans le village nègre.

Nous entrons *seules*, l'intérieur d'une maison arabe restant fermé au sexe fort. Après avoir franchi la porte extérieure, traversé une cour dallée de marbre et entourée d'arcades, nous sommes introduites dans un salon, mi-partie oriental, mi partie européen. Des divans de soie, garnis de coussins de toutes nuances, courent autour des murailles, auxquelles des étagères de bois peint et des armes damasquinées, donnent un cachet suffisamment indigène. Mais quelle fausse note ! Dans un angle

se dissimule mal un canapé bourgeois, en bois noir, recouvert de jaune serin et sur la cheminée, s'étalent
bêtement une pendule empire et deux gros bouquets de
fleurs artificielles, *sous verre*! adieu l'illusion!... J'ai besoin, pour la rattraper, de l'entrée de *Fathma* et de sa
mère, toutes deux superbes dans leur costume oriental.
(Nombre de jeunes beautés africaines s'appellent Fathma.
J'ai même vu, dans une ménagerie d'Alger, une jouvencelle de soixante-dix ans, d'une famille de crocodiles, répondant à ce nom).

Or, la brune *Fathma* ressemble à une jolie image coloriée : elle a des yeux de velours, noircis et allongés
par le *kohl*; le nez correct, les lèvres rougies au carmin,
un peu fortes ; les pommettes saillantes et fardées; de
petits tatouages bleus, posés d'ici et de là, sur le visage,
en mouches assassines. Elle est coiffée de la pittoresque
Chachia, petite calotte d'or pointue, posée coquettement
du côté droit; un foulard de soie cerise, noué avec
négligence, retombe du côté gauche de la tête. Les cheveux, cachés sous la calotte, sont tressés en une seule
natte épaisse, retenue par un ruban d'or. Une robe de
satin cerise avec tablier de satin bleu, encadré de blondes
blanches, s'ouvre en carré, faisant place à de ruisselantes
cascades de perles précieuses, étagées sur la poitrine.
Des manches de drap d'or brodé de bouquets de roses
rouges en relief, complètent la toilette. Mais quel éclat
lui donne le scintillement des diamants en diadème, posés
sur la toque ou se balançant, mélangés aux rubis et aux
émeraudes, le long d'énormes boucles partant des oreilles et descendant aux épaules ! Je n'ai pu voir sous la

Chachia, par quel système de suspension, ces lourdes grappes de bijoux n'arrachent pas le cartilage de l'organe auditif !

La toilette de la mère de Fathma, plus sérieuse, avait encore plus de bijoux.

On apporte du thé parfumé et des gâteaux.

Ces dames se laissent regarder, embrasser, répondant gracieusement à nos effusions, sinon à nos questions, car elles ne parlent pas le français.

La vie fermée des femmes arabes les laisse très ignorantes. Elles ne lisent pas, ne cultivent aucun art. Celles qui aiment le travail (elles sont rares), se livrent aux travaux d'aiguille ou de tapisserie. Elles brodent ou tissent de beaux tapis, dont elles ornent leurs demeures. Les frivoles (c'est le plus grand nombre), passent les heures à se baigner, à s'épiler, à se parfumer, à se peindre, à s'habiller, à se rougir les ongles avec le *henné* et à s'étendre sur de soyeux divans, pour y rêver à rien en fumant des cigarettes au musc.

Telle est la vie d'une arabe élégante : le soin des bébés est abandonné aux servantes négresses. On nous montre celui de Fathma. Elle a dix-huit ans et son fils a bientôt trois ans. Sa mère a trente-sept ans seulement et semble plus âgée qu'une européenne de quarante-cinq ans.

Son frère vient nous saluer et nous sert d'interprète auprès de ces dames, car il parle le français correctement. C'est un garçon distingué, portant bien son élégant costume : un *pschutteux* indigène.

Les arabes aisés font leurs études dans les collèges français. Il en résulte un singulier mélange de dandisme parisien et de regain sauvage. Mais tout en prenant de nos usages, le côté sociable et mondain, ils gardent scrupuleusement leurs mœurs et leurs traditions. Ne demandez jamais à un arabe, même le plus civilisé, des nouvelles de sa femme; vous l'insulteriez. Le gynécée reste sévèrement clôt à toute curiosité.

Mes impressions, très éveillées par cette visite, devaient subir une excitation bien plus capiteuse, dans une séance d'*Aïssaoua* qui lui succéda.

Tous les touristes de l'Algérie ont parlé de cette secte célèbre, originaire du Maroc, province voisine de l'Oranais. Son fondateur *Sidi-Mahmed-ben-Aïssa* vivait à la fin du xvme siècle. De retour d'un voyage aux lieux saints où des derviches affiliés à des ordres mystiques l'initièrent à leurs pratiques, il fonda la secte des Aïssaoua, destinée à réchauffer le zèle des musulmans indifférents. Ces sectaires, qu'on peut bien appeler des énergumènes, ne se distinguèrent d'abord que par une plus grande austérité et par certains exercices de dévotion, un peu excessifs. Dans la suite, le signe spécial de leur ordre devint le don de jouer avec le feu et les serpents venimeux, de dévorer le fer, le verre et les poisons les plus violents sans en éprouver le moindre mal. La puissance que Dieu avait destinée aux adeptes de son Ouali Sidi-Mahmed-ben-Aïssa leur fut révélé dans les circonstances suivantes :

« Le saint était dans le *Sous*, province du sud de l'empire marocain et cheminait dans le désert, avec ses quarante fidèles qui ne l'abandonnaient jamais. Depuis

longtemps on s'était éloigné des douars et plusieurs
d'entre eux, ressentant les atteintes de la faim, s'adres-
sèrent à leur maître qui ne répondit pas. Ayant fait entendre de nouvelles plaintes, le *Cheikh* exaspéré s'écria :
« *koulou es sem*, mangez du poison ! » Les disciples
crurent à un ordre et se jetèrent sur tout ce qu'ils
trouvèrent : plantes, pierres, scorpions, serpents, dévorant tout à belles dents, si bien que de retour à leur
Zaouïa, ils ne purent toucher au repas du soir.

Les exercices des divers genres, auxquels ils se livrent
aujourd'hui, seraient la représentation de leur aventure
dans le Sous et, depuis cette époque, les Aïssaoua se
sont fait une spécialité des inventions les plus repous-
santes » (1).

Maintenant, quelle part convient il de faire à la légende,
à l'exaltation religieuse ou au charlatanisme ? C'est ce
que je me garderai bien d'établir, n'ayant pas l'autorité
suffisante. Je ne puis que traduire mon étonnement, à
la vue de ces jongleurs mystiques, aussi horribles que
leurs convulsions sont étranges !

La scène se passe généralement dans une cour :

Les adeptes, rangés en demi cercle, se livent à des
mouvements automatiques, jetant la tête en avant et en
arrière, récitant une mélopée qui a pour sujet les mérites
de leur fondateur et dont le rythme suit la mesure des
Guellal, tambours de basque. « L'aïssaoui est accroupi,
il écoute, accompagnant la mesure d'un léger balance-
ment du corps. Ces paroles, il les entend, et le bruit

(1) Delphin. — Professeur à la chaire d'Arabe d'Oran.

cadence du Guellal est une voix qui l'appelle et lui
ordonne d'abandonner son corps à l'esprit de Sidi-
Mahoued ben Aïssa qui le pénétre :

Aya, ya, ya, Sidi Mahmed ben Aïssa,
« Allons, ô notre maître Mahmed ben Aïssa, »

entoure le chœur, en frappant des coups bien marqués
sur le guellal.

L'aïssaoui se dresse, d'un bond il est sur les musiciens
et exécute une sorte de danse pyrrhique, les cheveux
défaits. Il aspire avec force les parfums dont la fumée
l'enivre, il s'échauffe, le mouvement s'accélère :

A'ari a'lik y a ben Aïssa.
K'olbi meridh la touensa,
« Mon appui est en toi, ô ben Aïssa, »
« Mon cœur attristé ne saurait t'oublier. »

continue le chœur.

Il suffoque bientôt, ses tempes se gonflent, son état
fait mal. Enfin, il roule à terre en catalepsie, et, tandis
qu'un frère monte sur son corps, et le foule aux pieds,
sans doute pour comprimer les battements effroyables
des artères,

A'redjâl alla âya sidi,
El hâdi Ben Aïssa
« Ah ! Messieurs, voici les héros de Dieu. »
« C'est Ben Aïssa qui les guide. »

termine le chœur, en revenant à la première mesure, pi-
quée et saccadée (1).

Arrivés à cet état névropathique aigu, les Aïssaoua

(1) *Delphin.*

exécutent des tours incroyables. L'un avale des scorpions.
Un autre se laisse traverser les joues par de longues
aiguilles rougies au feu, se couche à plat ventre, sur la
lame affilée d'un sabre que deux frères tiennent suspendu,
puis, s'étend sur le sol et reçoit ce même sabre, en travers du corps, pesant sur lui du poids des deux acolytes
montés sur le dos de la lame, pendant que la lame, elle-
même, entre dans les chairs, sans faire jaillir le sang.
Dans un coin, un Aïssaoui, accroupi, mange de la
paille comme une bête : c'est le *chameau*. Un autre tient
une tête de mouton crue qu'il dévore à belles dents, avec
des rugissements de fauve : c'est le *lion*…. Et tous ces
frénétiques ont alors perdu l'expression humaine : La
chevelure hérissée, rejetée en arrière, les traits convulsés,
effrayants dans les replis félins de leurs torses de squelettes, ils semblent être les habitants d'un Pandémonium
évoqué par le cauchemar.

Il ne faut pas être doué d'un tempérament trop nerveux pour supporter ce spectacle ! Je sortis de là, étourdie
par les vapeurs grisantes du benjoin, écœurée par toutes
ces choses dégoûtantes. O pauvre cervelle humaine !
Combien te faudra-t-il franchir de siècles, avant d'attein-
dre la saine raison et cesser d'être accessible, aux folles
insanités de l'erreur ? Que de progrès tu as encore à faire,
de cycles à parcourir, pour échapper à jamais, aux ambi-
tieux qui se servent de ta crédulité pour fonder leur
puissance !

L'Islamisme, lui, se sert de ses nombreuses sectes
d'illuminés, pour se défendre. C'est avec cette force occulte
qu'il combat notre influence. Vienne un désastre de nos

armes, un abaissement de notre prestige, *Aïssaoua et autres* se répandraient partout, prêchant la guerre sainte, contre les *Roumi* (chrétiens) et Dieu sait quel serait le plus fort de *lui* ou de Mahomet, son prophète !

Pour nous distraire de cette scène pénible, nous circulons au travers du village nègre, en fête en l'honneur du Congrès et du vendredi (le dimanche arabe). Sur la place du marché, un orchestre nègre accompagnait des chanteurs ambulants. On faisait cercle autour d'eux. Je m'approche avec mon groupe. Mais quelle musique sauvage ! C'est du bruit rythmé que nous font une flûte de roseau ou *Gaïtha;* le *Derbouka*, sorte de tambourin en terre vernie en forme de cornet, le côté supérieur est ouvert et la partie inférieure, recouverte d'une peau, sur laquelle on frappe avec les mains. Enfin, un troisième tambourin ou tambour de basque appelé *Barr*. Les musiciens s'évertuent à suivre les négro chanteurs qui poussent des sons rauques, inarticulés, tout en exécutant une danse d'un caractère néo-plastique, à l'usage des indigènes. Nous fuyons bien vite cette inharmonie assourdissante, mais hélas ! pour la retrouver dans les cafés maures, où elle nous poursuit. Là, le tambour de basque est remplacé par le *Gombri*, sorte de petit violon construit avec une écaille de tortue. Le joueur de Gombri pslamodie je ne sais quelle bizarre mélodie, en râclant les deux cordes de son instrument. Les musiciens trônent sur une estrade. A leurs pieds, une modeste sébile attend l'aumône des auditeurs. Ah ! les malheureux ! On paierait pour ne pas les entendre !
Dans quelques boutiques, des Arabes travaillent à d'élé-

gants porte-monnaies ou carnets en marocain, qu'ils brodent d'or fin, mais qu'ils veulent nous vendre à des prix.... de *congressistes*. Nous nous sauvons, descendant le long de rues mystérieuses, bordées de masures bâties en torchis, rappelant Tombouctou, au dire de M. G...., mais où nous ne pénétrons pas, malgré notre envie. C'est, il paraît, un labyrinthe où les gens honnêtes ne doivent pas s'égarer, sans fil protecteur.

Sur un vaste plateau, à gauche, campe une troupe d'Arabes à cheval. Ce sont les *Goums* ou cavaliers indigènes, venus de toutes les tribus d'alentour, pour la grande Fantasia du jour de Pâques. Au passage, nous admirons les hautes selles brodées des chefs et les étriers de vieil argent, finement ciselés. Le soleil couchant allume l'acier poli des armes, les burnouss écarlates et les étendards éclatants.

Nous rentrons à Oran, avec toutes ces flammes dans les yeux.... elles devaient s'éteindre, le soir, aux lueurs ternes du gaz et surtout à l'audition de la conférence, plus terne encore, de M. d'H... sur les sauterelles et leurs invasions.... Malgré la lumière électrique dans laquelle il fit défiler les crickets et leurs évolutions diverses, il est vraiment difficile d'être moins intéressant! Tout le Congrès et beaucoup d'Oranais, alléchés par les annonces des journaux, étaient accourus à cette séance..... Je regrette pour M. d'H..., que la température n'ait pas été plus fraîche, ce soir-là. Sa *veste* eût pu lui servir, à la sortie.

EXCURSION D'EL-KZAR

J'arrive à la journée la plus intéressante de la session. Je n'oublierai pas cette date du 31 mars, marquée dans mon souvenir, d'un signe ineffaçable.

Parmi les courses préparées par le comité, pour le plus grand plaisir des congressistes, j'avais choisi celle d'El-Kzar qui devait nous conduire dans la montagne, chez le caïd *Mamoud-Ould-Zinn*, grand chef de la tribu des *Ouled-Telitat*, et nous faire pénétrer dans la vie arabe si fermée, si différente de la nôtre. Nous devions assister à une grande *Diffa* ou repas arabe, offerte par le Caïd, ami des français et désireux de leur être agréable.

A six heures du matin, nous partons d'Oran, au nombre de 100, par le train qui doit nous arrêter à Saint-Lucien, où les cheveaux nous attendent. Les gares, pavoisées, ornées de guirlandes de feuillage, fêtent sur toute la ligne, le passage du Congrès. Mais à Saint-Lucien, c'est bien autre chose ! M. Berthollet, administrateur et organisateur de l'excursion, nous reçoit à la descente du train. La route, traversée d'arcs de verdure, est couverte de cavaliers indigènes qui nous préparent une petite Fantasia.—Pour la première fois, il m'est donné d'admirer l'allure souple et superbe de ces enfants du désert, galopant en groupes serrés, penchés sur leurs chevaux et, arrivés à nous, se redressant tout-à-coup, droits sur leurs étriers, faisant le simulacre de coucher en joue un invisible ennemi, pour tirer ensuite, tous ensemble, sans ralentir l'impétuosité de leur élan. Avec quelle adresse, ne font-ils pas tournoyer leurs fusils qui reparaissent, on ne sait comment, au bout de leurs bras levés, au milieu d'un nuage de fumée.

Cette ovation terminée, nous visitons le village, de création française, toute récente. Il possède une jolie église, des écoles, des cultures très prospères et un haras, renfermant de beaux échantillons de la race chevaline indigène. M. B... les fait défiler, nous laissant admirer leurs formes élégantes, la beauté de leurs robes, leurs crinières ondoyantes, le long panache de leurs queues. La fraternité de l'arabe et du cheval africain s'accuse bien, dans l'attitude fière de ces fringants étalons ; se trahit dans l'expression belliqueuse de leur petite tête, aux naseaux frémissants ; se devine à ce long col, aux mouvements souples ; à ces jarrets musclés et nerveux. Ils sont bien, tous deux, de même race, créés pour les grands espaces et les superbes chevauchées.

Celle que nous allions entreprendre dans les pentes grimpantes de la montagne, n'avait rien de superbe ! Il s'agissait de se hisser sur de solides bêtes, au pas sûr, paisible, mais à l'état libre, sans autre confort qu'une esplanade, faite avec d'épais tapis pour s'asseoir, et de simples tresses d'alfa, servant de rênes. D'étriers, point.

L'arabe, propriétaire du cheval, répond de la monture et du cavalier. A l'aide d'une chaise et de deux mains converties en étrier, j'arrive à prendre place sur *mon plateau* ; au bout de cinq minutes de marche, je suis habituée au rythme cadencé de ma bête et à l'indépendance de son allure.

La caravane formée marche lentement au travers des prairies, coupées de terrains vagues, où les touffes de palmiers nains alternent avec les fleurs champêtres. Nous commençons à monter. *Harrah! Harrah!* crient les arabes à nos coursiers, pour les exciter. Au bout d'un temps d'ascension, je fais volte-face et reste ravie, devant l'effet inattendu de la caravane, déroulée comme un long ruban dans la campagne et se détachant en relief, sur le fond vert des prairies. Les burnouss blancs égaient nos vêtements de voyage; les uniformes des zouaves et de quelques chasseurs d'Afrique colorent l'ensemble, de tons plus vifs; le soleil radieux y ajoute la note suprême; celle de la lumière. C'est ravissant! surtout, à l'approche des sommets, lorsque le ruban mouvant ondule le long des pentes, montant et descendant, atteignant une crête, où il semble s'accrocher pour se déplier ensuite, jusqu'au fond d'un ravin, qu'il enroule de ses festons.

La flore s'enrichit peu à peu : aux soucis d'or, s'ajoutent de belles anémones mauves ou pourprées ; les asphodèles, grands comme des cierges; de petit liserons bleus tapissent les sentes et se marient à de jolies fleurettes roses. A l'ombre de quartiers de roches éboulées, s'abritent de liliputiennes marguerites blanches, serrées en mottes touffues. Je regardais cette étourdissante floraison

et j'exprimais à ma voisine de chevauchée, mon regret de
ne pouvoir tout cueillir, au passage. Oh ! vraiment me
répond-elle, vous avez le courage de trouver cela joli !
Je vous admire ! moi je voudrais bien être arrivée ! Je
m'arrête, surprise : la pauvre dame, à califourchon sur
sa bête, les jambes pendantes, avait trois arabes pour la
tenir en équilibre, un pour chaque jambe, le troisième
lui soutenait la taille ! Et... malgré cette vigilante garde
et l'humeur paisible de son coursier, elle suait... soufflait
d'émotion ! sa robe retroussée laissait voir des mollets
assez replets, moulés dans d'élégants bas de soie, bien
tirés... N'était l'accent convaincu avec lequel elle promet-
tait l'hospitalité parisienne, au jeune indigène qui tenait une
des ses jambes affriolantes, dans le cas où elle aurait la vie
sauve, j'aurais malicieusement conclu à un grain de coquetterie... cosmopolite. Ce qu'il y a de sûr, c'est que si elle
ne s'amusait pas, elle était bien amusante !

Nous venions de déboucher sur un plateau jonché,
éblouissant de fleurs ! Ah ! quelle fée du printemps avait
versé là sa corbeille ? Quel zéphyre en avait répandu les
senteurs ? Quel esprit du jour en faisait vibrer les couleurs ?
J'étais enivrée par l'air embaumé, lumineux, de ce
radieux sommet ! Qu'il ferait beau et bon rester dans
ces lieux enchantés où, de toutes parts, la vie éclate !
pensai-je.

— Mais, d'où viennent ces cris, ces hourras fréné-
ques ? De bruyantes détonations, répercutées par les
échos de la montagne, se font entendre et de toutes les
pentes qui nous entourent, descendent en courant, des

Arabes armés. Ils nous cernent. De cette troupe de sauvages se détachent autant d'indigènes qu'il y a d'amazo-
nes dans la cavalcade, et chacune d'elles, descendue de
son plateau équestre, est confiée à sa garde ; nous sommes prisonnières ! Entraînées par nos gendarmes en burnouss, nous gravissons les derniers escarpements pour
arriver vers les tentes de la tribu. Là, nous attend le
caïd Ahmoud-ould-Zinn à cheval, entouré de ses chefs
subalternes. Il nous salue, nous remercie de bien vouloir
accepter la captivité qu'il nous impose : douce captivité,
car non loin de là, se dresse une table de 110 couverts,
sous un berceau d'oliviers géants. Le caïd est superbe,
dans son haïk satiné, recouvrant une robe rayée d'un
jaune d'or, doublée de rouge. Sa physionomie fine respire
la distinction. Malgré sa petite taille, il a bien l'air d'un
chef.

Nous entrons sous les tentes du Douar, où grouillent
les femmes et les enfants de la tribu : vieilles aux visages
de pommes ridées, jeunes femmes et enfants, tous et toutes, tatoués jusqu'aux yeux, enveloppés de loques voyantes, nous entourent en poussant leurs *you-you* perçants ;
ce cri est l'expression de leur joie, le critérium de leurs
enthousiasmes. Il a quelque analogie avec celui des animaux et fait rêver à M. de Buffon plus qu'au divin Mozart !

La salle du festin est située admirablement, sur une
éminence boisée, entourée d'autres monticules. Au sommet de l'un d'eux, une fraction de la tribu s'est groupée
autour d'une blanche *Koubba* (1) dont la coupole semble

(1) Une koubba est une petite chapelle surmontée d'une coupole
où est enterré un marabout vénéré.

plus blanche encore, sous les rayons du soleil de midi. Mais quel artiste eût pu mieux arranger la composition de ce tableau ? Accroupis ou étendus, debout ou prosternés, les Arabes ont l'instinct de la pose, le sens inné de l'es-thétique. Ces grands enfants, d'une nature restée primi-tive, en ont conservé la majestueuse poésie ! Chez eux rien de banal, rien de *convenu*. Ils ne deviendront jamais des *bourgeois*, même après plusieurs siècles d'occupation européenne.

L'heure de la Diffa n'a pas encore sonné. Près de là, neuf moutons entiers, dépecés et ficelés avec leurs cornes, autour d'une longue perche que des Arabes font mouvoir devant un brasier, grillent et se dorent, arrosés de beurre, pendant qu'un négro couleur d'ébène, vêtu d'une veste bleu clair brodée d'argent, dont les manches retroussées découvrent les bras muselés, excite le zèle des marmitons : c'est le chef cuisinier. Son type d'orang-outang inspire l'effroi et, à défaut de moutons à faire griller, je crois qu'il embrocherait tout aussi bien quelques *Roumi*. C'est le seul nègre, à mine cruelle, que j'aie rencontré en Algérie.

Nous prenons place à table, sous les tentes rouges ou rayées jetées sur nos têtes, au travers des branches d'oli-viers, pour intercepter l'ardent soleil. On fait silence, car une cérémonie annoncée tout bas doit précéder le repas. Un conseiller général d'Oran, venu avec nous, apporte au Caïd la croix de la Légion d'honneur, méritée par ses services. Le mandataire du gouvernement français les énumère dans un discours que je ne puis entendre, mais dont je devine la clôture, aux hourrah des Arabes et aux applaudissements des congressistes. Le même discours, répété en langue arabe par l'interprète, renouvelle les exclamations frénétiques de la tribu et, lorsque le signe de l'honneur est placé sur le burnouss d'Ahmoud-ould-Zinn, le délire devient indescriptible : toutes ces faces noires, cuivrées ou bronzées, s'animent, se transfigurent ; les yeux étincellent, sous l'arcade profonde des sourcils ; les narines frémissent ; les bras, rejetant les burnouss aux longs plis, s'agitent et mêlent l'éloquence du geste à celle des cris. Quelques-uns, pour mieux voir, ont escaladé les branches d'un superbe grenadier dont ils sont les fleurs animées ! ..

Ah ! que notre enthousiasme officiel est loin de ces ardentes manifestations ! Nous étions émus, remués par le courant électrique de cette foule enivrée, excitée jusqu'au paroxysme !

C'est à qui de nous ira serrer la main du Caïd, devenu Français, par ce lien de l'honneur et du courage civique, dont il vient de recevoir l'insigne. On crie : Vive la France ! Vive l'Algérie ! Les Arabes applaudissent ! C'est une effusion fraternelle, générale, au milieu de la grande nature, sous le beau soleil de Dieu !

Et la Diffa ? elle va servir d'épilogue aux discours qui viennent d'être prononcés. Nous reprenons nos places à table. Le Caïd reste seul, debout, selon l'usage arabe, et fait en grand seigneur, les honneurs du repas. Des garçons de toutes couleurs, nègres et blancs, nous apportent tour à tour, la *Cheurba*, sorte de potage au vermicelle, épais et très épicé ; des *Tadjin* ou plats garnis de boulettes de viandes, pimentées et safranées ; du ragout de mouton et de petits pois mélangés d'asperges sauvages. Enfin, paraissent, dans le quadrilatère de nos tables, les neuf moutons grillés, embrochés, que de grands arabes portent en trophées ; la fumée alléchante de ces victimes rôties, monte en nuage d'encens, vers la corbeille fleurie, terminée par un bouquet de citrons, suspendue au centre des oliviers et se reliant à leurs rameaux, par des chaînes de feuillage. Il s'agit de dépecer ces pièces monstrueuses, dignes des noces de Gamache.

Notre mouton est confié au couteau expérimenté du Docteur J..., parisien spirituel et bon enfant, s'occupant de tout et de tous, avec une charmante sollicitude. La plus gracieuse complaisance supplée au service un peu en souffrance ! on s'offre mutuellement, de toutes choses ; le bon vin des colons de Saint-Lucien arrose les mets surchauffés par les épices et leur rend le passage plus facile.

Le mouton grillé ou *Méchui* est, au dire des amateurs, un vrai régal, lorsqu'il est mangé très chaud. *Les nôtres* avaient refroidi pendant que chauffait notre enthousiasme ; aussi, ne puis-je guère juger de l'excellence de ce rôti, qui est le fonds de tout repas arabe.

Une autre procession de burnouss défile autour des tables. Ceux-là portent sur la tête, au bout de leurs bras tendus, d'énormes calebasses ou plats de terre, remplies de *Kouscouss*. (1)

(1) Le kouscouss est une grosse semoule, obtenue avec une farine spéciale, plusieurs fois travaillée et tamisée, puis cuite à la vapeur et finalement passée au beurre. On le sert avec du mouton, de la volaille, ou des fruits de toute espèce.

Nous saluons ce mêt national de *you-you* formidables, autant pour remercier le Caïd que pour nous mettre à l'unisson de l'harmonie fraternelle de cette fête. Les *you-you* gutturaux des arabes répondent aux nôtres. On nous sert ce kouscouss de luxe, mélangé d'œufs durs, de raisins de corinthe, de dattes et arrosé fortement de jus safrané.

Nous l'absorbons consciencieusement, faisant mine de le savourer, car une guirlande de têtes curieuses nous le regardent manger ! .. On a dit à toute cette peuplade que nous sommes de grands chefs de France, aussi son attitude exprime-t-elle la plus admirative déférence. Lorsque les Caïds, groupés sur l'herbe, à quelques pas et servis après nous, auront achevé leur repas, tous ces humbles recevront à leur tour, les reliefs de la Diffa.

Au kouscouss succèdent les corbeilles de dattes, d'oranges; mais hélas ! avec le dessert et pour ne pas nous laisser trop longtemps oublier que nous sommes toujours en France, malgré les oliviers géants et les moutons grillés, les discours recommencent. M. L..., ex-directeur de la manufacture de Sèvres, remercie le Caïd de son hospitalité, en notre nom et au nom de la mère patrie, d'autres le suivent. Le flot de l'éloquence verbeuse monte, monte et menace de tout entraîner, même le plaisir de la journée. Après le journaliste d'Oran, c'est l'ingénieur des ponts et chaussées et le maître d'école de Saint-Lucien.

Je n'entends que les mots: *Liberté, Egalité, Fraternité, France, Algérie, fusion des deux races...* mais, j'entends surtout, le gouailleur docteur J..., murmurant entre ses dents, en écoutant M. L..., *blagueur va !...*

Seul, M. D. procureur général à Grenoble, trouve le

mot vrai de la situation. « *Je souhaite aux arabes*, dit il, *de rester nos amis, mais plus encore, de conserver intactes la pureté de leurs traditions et l'originalité si pittoresque de leurs usages et de leurs coutumes.* » C'est avec sincérité que je le félicitai de ce simple souhait, résumant si bien l'impression finale de la journée, impression toute artistique, fête des yeux qui n'avait rien de commun avec les vulgaires clichés du bavardage parlementaire.

Il faudrait le pinceau exercé d'un coloriste pour rendre l'effet de ce tableau vivant ! Comment noter avec la plume, la gamme de tons éclatants, sans gradations de demi teintes, qui s'enlevaient, vigoureusement du fond de verdure sombre des oliviers, se détachant, lui-même, sur le bleu intense du ciel ! Ici, les manteaux écarlates des chefs ; là les burnouss bleus des gardes champêtres ; plus loin, dans un fouillis chatoyant, les haïks blancs, immaculés, mêlés aux caftans de velours brodés d'or et d'argent, gansés de vert, de rose, de jaune et mis en valeur par les chairs aux reflets de bronze : c'est une fanfare de couleurs jouant dans la lumière du soleil, une sarabande échevelée !

Mais, voilà le tour des humbles de goûter au kouscouss. Ils se jettent sur les calebasses, en bêtes affamées, man geant gloutonnement, quelques-uns, sans même se servir de leurs mains. Adieu la noblesse des attitudes ! Je crois voir une troupe de chiens sauvages s'arrachant les débris d'une curée. Nous fuyons, quelques dames et moi, ce spectacle écœurant et nous nous dirigeons vers le Gynécée.

Chacun sait que Mahomet permet à ses croyants quatre

épouses légitimes, et, lorsqu'une de ces épouses déplaît à son seigneur et maître, il jouit de la liberté de la renvoyer, pour en prendre une autre! Ahmoud–ould–Zinn en avait deux : l'une venue de l'Asie et restée sans enfant ; la seconde, d'origine arabe, mère de deux filles et d'un garçonnet, graine de Caïd, déjà fier et élégant dans son pittoresque costume. Autour de la première, reléguée dans une chambre solitaire, le silence, l'abandon ; pâle, triste, elle semblait une fleur des Tropiques se mourant dans une glaciale atmosphère. Elle n'avait pas les faveurs du Caïd, réservées à la mère des trois enfants, belle femme aux formes puissantes, fière de sa maternité et de l'amour du maître.

Là, point de canapés européens, mais de simples nattes, pour sièges. De grands coffres en bois peint (Sendouk) contenant les vêtements et le linge, servent de meubles. Aux murailles nues, des panoplies d'armes diverses : sabres, fusils cerclés d'argent, étriers massifs.

Le costume des femmes rappelle, d'assez loin, la richesse de celui de Fathma et de sa mère. Sur une robe de cotonnade de couleur claire, semée de gros bouquets de fleurs vives, est jetée une tunique de tulle brodé qui ferait de très jolis rideaux. Cette tunique couvre entièrement la première robe. Une courte veste de velours violet, bordée d'or, emprisonne la taille ; sur la tête, la *chachia* pointue et dorée et le foulard de soie. Les diamants et les perles sont remplacés par des colliers en verroterie, garnis de plaques d'or incrustées de pierres précieuses... ou fausses. Aux oreilles, les mêmes lourds anneaux, chargés de grappes tombantes : c'est plus clinquant qu'éblouissant.

Le type des femmes d'Hamoud-ould-Zinn est aussi moins
affiné que celui de Fathma. Elles ont la beauté robuste
des montagnardes, moins d'élégance dans les formes et de
délicatesse dans les traits. Nous recevons d'elles, le même
gracieux accueil; elles nous baisent les mains, regardent
avec curiosité les détails de nos costumes de voyage, surtout les bijoux et les boutons de métal qu'elles prennent
sans doute pour de l'orfèvrerie. Elles semblent très intri-
guées par le gonflement de nos tournures : l'une d'elles
me fait pirouetter sur moi-même, me palpe dans tous les
coins et recoins de ma personne, me demandant par
signes « *si ma robe ne renferme pas, autre part, de ces exubé-
rances postiches ?* » Je lui réponds *non*, en riant, me disant
in petto « cette innocente nous croit-elle *faites*, autrement qu'elle ?

Autour de la favorite et de ses enfants, toute une
smalah de servantes de tous âges, arabes ou négresses,
vêtues d'oripaux criards. Nous caressons le bébé joufflu
d'une jeune négresse ; ses gros yeux blancs effarés roulent
dans leurs orbites, à la façon des gobilles. Dans son effroi,
il finit par se cacher dans le sein de sa mère qui ressemble
assez à une outre vide.... Non, Phidias n'aurait pas choisi
cette jeune négresse comme type de Vénus noire !

Il est temps de se séparer. Nous entendons au loin le
sourd murmure des tambourins, accompagnant les danses
indigènes. Sur le plateau fleuri où nous avons été cernés
le matin, un grand cercle de burnouss s'est formé autour
des lutteurs de la tribu. Les congressistes, assis ou debout, se mêlent aux indigènes. Au centre du cercle, je
retrouve la trinité orchestrale des nègres ; la flûte de ro-

seau, le derbouka et le tambourin. Aux sons des instru-
ments, jouant toujours la même mélopée bizarre et traînante, des hommes, le buste nu, avancent par petits sauts et
luttent avec adresse et vigueur, aux applaudissements des
Arabes, criant à l'unisson, dans une tonalité qui laisse
dans l'ombre, la sourde résonnance des tambourins. A la
lutte, succèdent des danses primitives qui ne feront jamais
un art, de la chorégraphie africaine.

Hélas ! la fête est terminée. Le soleil, rapproché de l'ho-
rison, nous avertit de ne pas nous attarder sur ces sommets. Nous remontons à cheval pour descendre les pentes
gravies le matin, mais avec quels autres effets ! Le soir jette
sur les versants de larges pans d'ombre coupés de tran-
ches lumineuses. Nous avançons vers la plaine et derrière
nous, les ombres épaissies veloutent les replis de la montagne, tandis que les arêtes des sommets, retenant encore
les rayons d'or, restent vivement éclairées. La cavalcade
se déroule, plus capricieusement, au hasard des sentes
herbeuses, mais les fleurettes fermées ont fait leur toilette
de nuit. Ça et là, quelques silhouettes de cavaliers arabes,
passant vivement entre les roches sombres, se profilent
sur le ciel : leurs burnouss flottants, dans l'auréole embrasée
du couchant, semblent de blanches voiles, gonflées de feu.

Nous voici dans la plaine que baignait, ce matin, la
sérénité lumineuse du jour africain. Une ombre transparente s'étend sur les prairies, et avec elle, cette paix silen-
cieuse du soir, plus grande encore, dans les vastes horizons.
Devant nous, le village de Saint-Lucien reparaît avec ses
vergers, ses maisons, la flèche élancée de son église per-
çant un dernier rayon de soleil, égaré dans la nue.

Nous nous taisons, gagnés par ce silence de la nature qui passe des choses aux hommes, même aux animaux... Quelques instants après, le chemin de fer nous ramenait à Oran, où nous retrouvions, à regret, les européens et la civilisation.

Cette journée commencée sur les hauts sommets, continuée dans l'intimité des nomades d'un Douar, se termina bourgeoisement, sur la place de la République, aux accents de la fanfare oranaise, à la lueur des lampions et des lanternes tricolores. Nous attendons vainement l'embrasement, promis par le programme, de la montagne de *Santa-Cruz* : elle reste dans l'obscurité.

Les navires et les barques du port promènent sur les eaux, le reflet de leurs lumineuses guirlandes : c'est le plus joli effet de la soirée.

*
* *

Salut, beau jour de Pâques ! le radieux avril t'apporte avec lui et le joyeux carillon des cloches te chante, à la première heure de l'aube ! tout est gaité et parfums ! Dans ce pays de chaude lumière, le printemps n'est point un mensonge !

Les offices solennels de ce jour de fête me donnent l'occasion de voir la cathédrale d'Oran, d'un mauvais style espagnol.

Il faut déjeuner, vite, pour se rendre aux courses, qu'une belle fantasia doit terminer. C'est la *great-attraction* de la journée. Malgré notre hâte, à 1 heure, la ville était déjà vide de voitures. Nous trouvons, enfin, un automédon qui veut bien se charger de nous conduire au champ de courses. Elles étaient commencées. Je parlemente au guichet pour arriver à la tribune des congressistes, à laquelle ma carte me donne droit, mais je suis obligée de forcer l'entrée, malgré mon bon droit et mon argent (les Oranais ayant fait payer les Congressistes, comme s'ils n'étaient pas invités). Nous finissons, ma cousine et moi, par nous installer dans les deux fauteuils du Préfet et de la Préfète Morale : Pour être bien placé, il ne suffit pas toujours de partir tôt, il suffit d'arriver à point.

Le champ de courses d'Oran, vaste et bien situé, s'étend au-dessous d'un plateau couvert de bastides entourées de jardinets qui font à l'hippodrome, une riante ceinture. Le soleil inonde l'enceinte et fait étinceler au loin, les armes des Goums, massés à l'écart, en attendant l'heure de l'action. Tout autour de nous, l'élégante société oranaise se promène, jase, échange les riens oiseux de toute société polie. La civilisation pomponnée est venue voir passer les sauvages enfants du désert, dans cette libre allure qu'ils n'ont plus hélas ! que dans leurs jeux !

Les courses sont finies. Voici leur tour : Ils s'avancent par groupes compacts, de dix à douze cavaliers, serrés botte à botte, étriers contre étriers, mais dans cette indépendance de tenue justifiant si bien ce nom de fantasia, que nul autre ne pourrait remplacer, galopant sans ordre, dans des allures diverses : l'un couché sur son cheval, qu'il excite par ses cris : l'autre fier et superbe, tenant son fusil haut la main. Les haïks blancs flottent en liberté ou sont roulés en écharpe autour du corps, mais tous les cavaliers ont la même *furia*. Ils passent comme la tempête ; leurs fusils éclatent comme la foudre ; décharges et cavaliers disparaissent dans la fumée, pendant qu'un autre peloton leur succède, exécutant la même manœuvre, d'une autre façon. Ceux-là sont plus nombreux et la seconde décharge obtenue, font tournoyer leurs fusils au-dessus de leurs têtes, dans un mouvement vertigineux. La fumée les enveloppe à leur tour et un troisième groupe les suit. La furia augmente d'intensité, avec la griserie de la poudre et le rythme martiale de la musique militaire qui a remplacé les mélodies indigènes du départ, de facture vague et mélancolique, par des hymnes guerrières plus accentuées. Ce ne sont plus que cris, mousqueterie folle, poudre enflammée, *haïks* dénoués, tourbillons de poussière soulevés par les chevaux, et, au milieu de nuages de fumée ensoleillée, un ruissellement d'armes, de broderie, d'étoffes éclatantes, fuyant comme un rêve, dans une course effrénée dont il n'est plus possible de mesurer la vitesse.

Ce paroxisme de l'impétuosité dans le pêle-mêle, est au-dessus de tout ce que l'imagination peut créer. Il atteint son plus haut degré dans le défilé général des Goums, entraînés par l'étourdissante musique d'un orchestre nègre, placé bien en face de notre tribune. Une troupe de danseurs noirs, vêtus d'oripeaux rouges, groupés autour de l'orchestre, se livrent à une mimique sauvage, dégingandée, qu'ils ponctuent de clameurs stridentes. Les six Caïds passent, majestueux sur leurs hautes selles de velours brodé, donnant le signal du départ. Les six bannières de leurs tribus les suivent, traversant l'air dans une rapide envolée qui ne laisse pas le temps de deviner les cavaliers qui les portent, bras tendus. Tous les *Goums*, lancés à fond de train, excitant leurs coursiers dans un suprême élan, déchargent une dernière fois leurs armes, devant la tribune d'honneur, puis subitement, le calme de l'immobilité succède à la fougue désordonnée. Ces ardents guerriers d'une heure, après avoir savouré dans l'odeur de la poudre, l'illusion de la liberté *d'hier*, redeviennent les résignés et impassibles vaincus *d'aujourd'hui* !

Comment un semblable peuple a-t-il pu se laisser vaincre et comment peut-il accepter sa soumission ? A-t-il dit son dernier mot ? Je laisse, à de plus compétents que moi, le loisir de rêver à cette interrogation. Ce que j'affirme, c'est le courage indomptable des Arabes et l'admiration qu'ils m'inspirent. Ils sont beaux partout : bibliques dans leurs Douars, héroïques dans leurs jeux audacieux, artistes dans leur rêveuse indolence, on les voit toujours revêtus de grandeur ! Que d'autres assurent qu'ils sont voleurs, fourbes et cupides ! — Je garde mon impression, peut-être un peu trop du domaine de la pure esthétique : elle me suffit.

« Ma cousine, je suis priée de vous inviter à la *Mouna* du lundi de Pâques » m'avait dit J..., dès mon arrivée à Oran. Mais qu'est-ce que la *Mouna?* C'est une brioche, dont, par corruption, le nom a passé à la fête elle-même. Il s'agit de manger cette brioche, hors de chez soi, avec sa famille et ses amis.

Cet usage, d'origine espagnole, s'est étendu à toute la population oranaise. Les routes, les chemins sont remplis, le jour de la Mouna, de véhicules de toutes formes et de toutes grandeurs, transportant, dans la campagne, de joyeux convives, à la recherche d'un coin hospitalier. Les Espagnols ajoutent la guitare et les castagnettes au panier de provisions et se régalent de *Fandangos* au dessert. On s'installe où l'on peut, dans un pan d'ombre, à l'angle d'un mur; sur une pente de gazon, le long des talus; dans la poussière de la route, si l'on ne trouve pas mieux. Le lendemain de la Mouna, la banlieue d'Oran est semée de peaux d'oranges, de débris de bouteilles, de croûtes sèches, d'os rongés, attestant les hécatombes de la veille. En rentrant le soir, on croise les véhicules du matin, rapportant les paniers vides et les convives... trop pleins !....

La société élégante s'invite mutuellement à des pique-nique qui doivent se faire toujours à la campagne, dans quelque villa inhabitée ou abandonnée par son proprié-taire. Chaque famille apporte sa part du festin et, si l'on est nombreux, on peut arriver à un menu formidable, dont la brioche traditionnelle est toujours la base.

Notre *Mouna*, composée d'une quarantaine de convives, fut très joyeuse et très complète.

Le temps magnifique nous permit de dîner et de sou-per sous de beaux pins maritimes de grande allure, salle d'ombrage transformée en verdoyante salle à manger ; de nous promener et de jouer dans un vaste parc, planté de palmiers, fleuri de roses... L'accueil des Oranais me fut très cordial. Je conserve un charmant souvenir de cette journée, une des dernières de mon séjour à Oran.

La clôture du Congrès eut lieu le lendemain, 3 avril.

Je n'ai guère parlé *science !* Mais, bien que ma carte de congressiste me donnât le droit de circuler dans les nom-breuses sections, je n'étais pas allée en Algérie pour m'en servir à ce point de vue effectif. Aussi, me pardonnera-t-on si je ne relate ici aucune des communications, inté-ressantes à divers titres, faites par les membres du Con-grès. Chercheuse de pittoresque et de coloris, je n'ai regardé que ce côté de la session. Il est moins utile, mais il a tant de charme !

EXCURSION DE TLEMCEN

La fin de la session ouvrait la série des grandes excursions. Classées par le Comité, elles offraient aux congressistes le choix intelligent des courses les plus intéressantes à faire, dans la province oranaise. Je choisis celle de *Tlemcen*, me faisant inscrire dans la caravane B qui devait passer par *Sidi-bel-Abbès* et revenir à Oran par *Aïn-Témouchen*. — Cette caravane, au nombre de 40 touristes, partit d'Oran le 4 avril, à 6 heures du matin. J'étais seule. M. G... m'avait dit adieu à Oran, qu'il devait quitter le lendemain, pour Alger, et, de là, gagner la Tunisie.

Un peu attristée par mon isolement, j'ignorais dans quel milieu j'allais vivre, durant les cinq journées que devait durer l'excursion. Trouverai-je quelques compagnes parmi ces congressistes inconnus?

Je m'installe dans un compartiment occupé déjà par un monsieur à lunettes et très barbu qui rangeait soigneusement ses petits colis. Il fait, avec satisfaction, la remarque naïve que les initiales brodées sur mon sac de voyage

sont *les siennes* ! Vraiment, Monsieur, j'en suis fort aise !
Mais je ne vois pas où cela peut nous mener ?... Et je
songeais : A coup sûr, pas plus loin qu'à Tlemcen.... Ce
congressiste *Prud'homme* faisait son premier voyage. Il
avait dit adieu à *l'épicerie,* source de sa fortune, *et ses
moyens le lui permettant*, il voulait explorer *l'univers !*

Deux autres voyageurs viennent me délivrer de cet
ennuyeux tête-à-tête : l'un, M. T..., parisien et spirituel,
deux qualités qui se complètent; l'autre, M. C..., est un
géographe atteint de la manie chronique de réciter par
ordre, à tout venant, la liste des stations de *tous* les chemins de fer du monde entier ! un indicateur ambulant,
non officiel, mais trop officieux, que l'on ne peut prendre
en faute, si ce n'est celle de vous assommer de sa science !
« J'ai eu, nous dit-il, la passion du Globe, dès que j'ai
vu une Mappe-Monde. » Depuis, il va toujours, comme le
Juif-Errant, à la recherche, sans doute, des stations qui
lui sont inconnues. — Pendant la session, chacun le
fuyait ou se moquait de lui, lui demandant en autres facé-
ties, le nom des stations conduisant à *l'île de Cythère !* (Je
doute qu'il les ait jamais parcourues.) Absorbé par son
idée fixe, il n'entendait pas ou ne comprenait pas, égré-
nant, sans arrêt, son fatigant chapelet. Quand il l'avait
fini, il recommençait.... Nous dûmes le subir jusqu'à
Sidi-bel-Abbès, sans que les charmes du paysage vinssent
nous distraire de cette obsession. Cependant, les appro-
ches de cette petite ville semblent plus cultivées.

Nous arrivons à l'heure du déjeuner. A table d'hôte,
je constate avec peine, la rareté des dames. Deux blondes

suédoises, la mère et la fille, sans doute, et la femme d'un docteur parisien forment, avec moi, le contingent féminin de la troupe. C'est peu. Aussi, cette première journée n'est-elle pas très gaie, succédant à celles d'Oran, où je vivais dans un amical entourage.

Après le déjeuner, nous visitons la ville et ses environs. Sidi-bel-Abbès est né d'hier. Il est essentiellement Français et n'a pas de passé. Ses riantes cultures, les beaux arbres qui l'entourent font de la pleine environnante, une fraîche et vaste oasis, où l'œil se repose avec quelque plaisir. De longues rangées de hauts peupliers rappellent la France. Les platanes de son jardin public, aux élancements hardis, m'étonnent par leur puissance. (Je n'avais pas encore vu ceux du jardin d'Essai d'Alger.) De magnifiques bouleaux mêlent leurs troncs blancs aux ramures sombres des grands oliviers. Les fleurs épanouies des arbres de Judée tombent en pluie rose, sur de verts tapis de mousse étoilés de grandes pervenches bleues. L'arborescente végétation européenne croît, fraternellement, près de la Flore indigène. De tous côtés, des fontaines jaillissent; des sources abondantes arrosent les jardins et les cultures prospères des colons. De belles vignes, bien travaillées, s'étendent sur les coteaux d'alentour.

Des voitures, mises à notre disposition, nous conduisent partout et nous arrêtent, au soleil couchant, sur le point culminant de la ville, près de vastes chantiers d'alfa, où l'herbe des hauts plateaux, séchée et mise en bottes, attend son départ pour l'Angleterre, où d'autres préparations la transformeront en papier anglais ou en fine sparterie.

— Au-delà de Tlemcen, dans le sud oranais, les explorations des touristes s'arrêtent au désert d'Alfa, comme vers la Sahara, au désert de sable. Cette herbe spontanée, qui envahit la province d'Oran, est une des sources de sa richesse et l'industrie dont elle est la base forme, avec l'agriculture, les deux branches prospères de la colonie de Sidi-bel-Abbès.

Mes compagnons descendent pour voir de près les bottes d'alfa, liées et massées en tas énormes aux abords du chantier ; aussi, pour approcher, si possible, une des Suédoises dont j'ai parlé plus haut, fort intrigués, sont-ils, par une grande plaque de métal blanc de la dimension d'une casserole, qu'elle porte en sautoir sur la poitrine. D'aucuns supposent les cendres de ses aïeux renfermées dans cette singulière amulette.... Erreur !... C'est un appareil de photographie instantanée, au moyen duquel cette blonde fille du Nord croque en passant un paysage... ou un congressiste qui lui plaît !...

Je reste dans la voiture, désireuse de regarder à loisir le soleil se coucher au-delà des premiers contreforts de je ne sais quel Atlas. Autour de moi, les tentes dressées pour le marché arabe du lendemain, s'éclairent d'un ton plus vif, avant de s'envelopper de l'ombre du soir. La caravane remonte en voiture, salue au passage le Marabout de Sidi-bel-Abbès, petit monument carré, sans coupole et rentre dans la ville, que nous devons quitter le lendemain matin.

Il faut être matinal, si nous voulons parcourir, un peu en détail, le marché arabe, situé près de la gare. C'est le rendez-vous des marchands de bestiaux et de tous les petits *mercantis* de la contrée. Il nous rappelle assez exactement une foire de village, en remplaçant les paysans et les maquignons par les Arabes, les gardes-champêtres par les *chaouchs*, les colporteurs et tous les marchands ambulants par les Juifs. Des denrées africaines de toutes sortes, fèves sèches, pois chiches, lentilles, oranges, cédrats, serrées et pressées dans des corbeilles ou s'étalant simplement sur un morceau de natte, nous sont offertes par de jeunes indigènes ou de vieilles négresses parcheminées. Les Arabes du Sud, reconnaissables à la corde de chameau enroulant d'une multitude de tours le haïk dont leur tête est couverte (1), vendent leurs laines et leurs dattes. Des cordonniers raccommodent les vieilles babouches. Les marchands juifs, mieux nippés, ont installé sous une tente les tissus, les essences et les bijoux grossiers qu'ils offrent à la convoitise des Arabes de la montagne. Les *Kaouadgy* (cafetiers) préparent le *kaoua* (café) sous un carré d'étoffe, en manière de parasol. A l'écart, des troupeaux de moutons maigres attendent les acheteurs. Près d'eux, de grands chameaux agenouillés nous regardent de cet œil hautain et vague qui semble toujours flotter dans l'infini des grands espaces.

Neuf heures sonnent. Il est temps de nous diriger vers la gare où le rendez-vous général est donné. Mais le nombre des voitures est insuffisant pour la foule des voyageurs. Il faut en ajouter d'autres. Le chef de gare,

---

(1) D'après le Coran, cette corde de chameau doit avoir 30 mètres de longueur. Elle s'appelle *Khrit*.

fort obligeant pour l'embarras où me laissent ma solitude et mes colis, m'installe lui-même dans un compartiment peu encombré. Nous partons.

La ligne coupe d'interminables steppes piqués de touffes de palmiers nains et de jujubiers épineux. Pourquoi tant de landes incultes en Algérie ? Un colon, qui fait le trajet avec nous de Sidi-bel-Abbès à *Aïn-Tellout,* nous donne la raison demandée.

Le défrichage, rendu très coûteux par la difficile extraction des palmiers nains dont les racines tiennent fortement au sol, ne peut être confié qu'aux seuls colons, car les Arabes ne s'en donnent pas la peine. Or, il faut des capitaux pour mettre les terrains en valeur et attendre la production. Les capitaux manquent en Algérie : C'est la plainte générale des colons. Ils désireraient voir la nouvelle France plus visitée, plus appréciée par leurs frères du continent. D'après eux, la propriété en Algérie, bien cultivée, rend le 8 %. Il est certain que, les premiers sacrifices faits, elle offre un placement plus sûr et plus productif que tous les *Panama mousseux !*

Voici *Aïn-Tellout.* La ligne du chemin de fer s'arrête là. Des pataches de toutes sortes, de toutes couleurs, diligences, voiturins, carrioles, attendent les congressistes pour les cahoter jusqu'à Tlemcen. Le groupe suédois, le docteur parisien et sa famille, s'emparent de la seule calèche passable, laissant le menu fretin s'entasser, comme il peut, dans les autres véhicules. Un aimable congressiste, M. F. C..., presque mon compatriote, puisqu'il est Viennois, s'empare obligeamment de mes colis et me fait place dans une diligence, où nous sommes au complet: tous hommes, hormis moi. Mais bah ! je prends mon parti de l'exception et suis vite bonne camarade avec ces Messieurs qui devaient rester pour moi de charmants compagnons. Je suis heureuse de donner ici un souvenir à M. F. C..., si empressé à me rendre mille services ; au major T..., qui égayait de ses bons mots la monotomie de la route ; à M. T..., chimiste parisien, mais surtout artiste dans son amour des fleurs, qu'il moissonnait en poète ; à M. R..., de Rodez, exubérant méridional, paradoxal à ses heures, pour nous donner le plaisir de la controverse. A-t-il oublié la jolie *étoile du Nord* dont il suivait les traces ?... car, pour lui, c'était une étoile filante !

A 11 heures, nous atteignons *Lamoricière* où le déjeuner est servi, dans l'unique auberge du village et, nos appétits calmés, nous rentrons dans la boîte roulante et malpropre, décorée du nom usurpé de diligence, car sa vitesse n'est pas synonyme de promptitude. Mais je n'y prends nulle garde, car, outre les gais propos échangés et les nombreuses cigarettes fumées, le pays moins plat, plus accidenté, nous réserve quelques compensations.

De riantes vallées s'ouvrent dans les replis montagneux où se cache Tlemcen. Tour à tour la route montueuse côtoie, de ses lacets, le bord de profonds ravins, tapissés de tamarins et de lentisques, ou traverse de belles prairies, plantées d'oliviers séculaires. Nous sommes loin de l'aridité oranaise. L'air plus vif annonce l'approche du plateau de 850 mètres d'altitude, sur lequel est bâti Tlemcen. A certain contour de la route, le conducteur arrête ses che-

vaux, nous invitant à descendre, pour admirer de belles
cascades qui tombent en chutes capricieuses, du sommet
de pittoresques montagnes et viennent, après mille sauts
divers, s'abîmer dans un fouillis inextricable de végétations
et de quartiers de roches. Dans le creux d'une de ces roches,
un Kaouadgy sert aux touristes, du café maure, à 10 centi-
mes la tasse. Moins les glaciers, je puis me croire en
Suisse, visitant les alpes Bernoises, m'arrêtant au pied du
Reichmbach ou du Giesbach, pour me rafraîchir, en remplaçant le lait crêmeux par le café trouble et le montagnard
au teint clair, par un arabe bronzé.

Encore quelques kilomèttes à franchir, pour arriver à
Tlemcen ! Le site est devenu tout à fait ravissant. On
voudrait cheminer, plus doucement encore, à l'ombre de
ces forêts d'oliviers, tapissés de mousse, qui font des
alentours de la vieille cité des *Almohades*, un bosquet
enchanté. Nous approchons. Dans le lointain de la route,
une haute muraille crênelée coupe de sa ligne blanche,
l'azur d'un ciel où les teintes orangées du couchant
commencent à s'accuser. C'est Tlemcen. Dans l'arc de la
Porte, une jeune mauresque est debout et nous sourit.
Deux grands yeux de velours éclairent la matité chaude
de son teint. Les lignes pures de son visage s'encadrent
du blanc *haïk*, et ses deux mains brunes soulèvent, sur
sa tête, une amphore de forme antique.

— Salut belle enfant ! Es-tu la statue animée de quelque
Rébecca, allant à la fontaine ? Je garderai le souvenir de
ta délicieuse apparition à l'entrée de cette ville charmeuse,
où l'on oublie la réalité présente, pour remonter le cours
des âges !

— Et pourtant, elle est bien déchue de son antique splendeur, la ville sainte, l'ancienne *Agadir*, la plus ancienne *Pomaria* des romains ! mais elle a gardé de son passé, je ne sais quel reflet étrange, se dégageant de ses ruines grandioses, de ses vieilles mosquées, de sa population singulière : formes mystérieuses se glissant, furtives, dans les ruelles étroites, coupées par la hache des démolisseurs, comme les ombres d'une ville morte, à la recherche de ses tombeaux !

Ma première impression fut cependant moins poétique : 200 congressistes, formant le total de trois caravanes réunies à Telmcen, pour la grande Diffa du lendemain, se disputaient les chambres dans les divers hôtels et, à la porte de chacun d'eux, des groupes animés gesticulaient, présentant inutilement leurs *tickets*. Le comité aurait-il donc distribué plus de billets de logement que la ville n'en peut fournir ? Je tremble pour moi, presque résignée à accepter l'hospitalité du Lycée, où se rendent M. T... et M. R..., qui m'offrent généreusement... le lit du pion ! Mais, on avait été galant pour les dames. Je trouve à l'hôtel de France, une chambre qui m'attendait.

Le soir, il faut aller à la Mairie, s'inscrire pour la course du lendemain. Nous traversons, pour nous y rendre, le triple rang de platanes, de micocouliers, de peupliers blancs, d'acacias, qui forment l'avenue du *Méchouar* (1), longeant les hautes murailles de cette vieille forteresse arabe, devenue aujourd'hui, le siège de l'administra-

(1) Méchouar (lieu où l'on tient conseil) c'est dans le Méchouar que les rois de Tlemcen réunissaient leurs ministres, pour délibérer sur les affaires de l'Etat.

tion militaire. C'est à l'ombre de ces créneaux que *Barberousse* en 1518, de nos jours *Cavaignac* et *Abd-el-Kader* se sont tour à tour défendus, jusqu'à la prise définitive de la ville, en 1842.

Au retour de la Mairie, nous jetons un rapide coup d'œil, dans le quartier arabe qui a conservé toute son originalité, mais il est nuit et il pleut. Nous ne pouvons guère apercevoir qu'une longue file de maisons basses et, dans les échoppes étroites, des silhouettes bizarres, drapées de blanc ou vêtues de la veste marocaine, aux découpures bigarrées. Dans un carrefour, un groupe d'enfants adorablement encapuchonnés de loques voyantes (car il fait froid), jouent et se chamaillent. La gracilité de leurs formes est à peine voilée par de pittoresques guenilles ! Ils sont ébouriffés et charmants ! Quels yeux ! Quels sourires, quelles dents !

Rien ne brise comme les cahots d'une diligence; aussi, ai-je besoin de me reposer. Et puis, il faut se lever à l'aube, pour le rendez-vous général des congressistes, fixé à 7 heures, place de la Mairie.

Brrr..... Quelle bise aigre souffle dans cette ville de Tlemcen, quand il pleut ! Et il y pleut souvent, paraît-il, jusqu'en mai ou juin. Puisse le temps être clément pour la grande Diffa de demain, que nous allons chercher tout près des grottes d'*Aïn-Fezza,* dans la montagne, à 16 kilomètres de Tlemcen.

Or, le 6 avril, à la septième heure, de toutes les rues aboutissant à la place, on ne voyait que touristes hâtifs, escortés d'*Arabicos,* portant le *Couffin* aux provisions et se

dirigeant vers le lieu du rendez-vous. Les provisions,
pense-t-on, mais pourquoi ? Parce que nous devons manger une vraie Diffa indigène, sans *Krobs* (pain) et sans
Cherob (vin) et qu'il nous faut emporter ces deux habitués de nos estomacs français.

La place de la Mairie est encombrée de types bariolés,
venus pour se donner la petite distraction du départ. La
curiosité, depuis Eve, est de tous les temps et de tous les
pays ! Une file de voitures stationne devant la maison
municipale et un Monsieur, tenant une liste, s'évertue à
appeler des noms, dont on ne trouve pas les propriétaires.
Chacun réclame ses compagnons de la veille. On finit
par prendre les voitures d'assaut et à s'installer à son gré.
La même patache me recueille avec les mêmes occupants.
Nous partons, escortés d'une avant-garde de cavaliers
arabes, bannières au vent, suivis du général de la place
et de son état-major. En franchissant le cintre de la
porte d'Oran, j'y cherche, en vain, ma jolie Rébecca de
la veille. La diligence sillonne de nouveau, les capricieux
contours de la route, le long des prairies ombragées
d'oliviers, de noyers et de thérébintes, côtoyant, à droite,
les chutes superbes de la cascade d'*El-Ourit*. Bientôt, nous
quittons les voitures pour enfourcher nos montures. Pour
plus de sécurité, je choisis un coursier si imposant qu'il
me faut véritablement l'enfourcher, d'après le conseil de
mon guide, conseil peut-être sage, mais dont je devais
assez apprécier l'incommodité pour ne pas la mettre en
pratique, au retour.

C'est qu'il s'agit, cette fois, de gravir des pentes fort
raides, où les pierres roulantes vont remplacer les fleurs

d'El Kzar. Adieu le charme de l'ascension au douar d'Ahmoud-ould-Zinn ! J'ai grand'peine à rester en équilibre sur le dos de ma bête, fort empêchée elle-même, de se frayer une route, au travers des débris de rochers éparpillés sur le flanc de la montagne. Nos guides pressent, renforcent les Harrah ! Harrah ! pour encourager les chevaux qui trébuchent à chaque pas. Pas une fleur ne réjouit l'œil : C'est un pays désolé, où croissent les épines et se multiplient les pierres ! Nous marchons ainsi longtemps, avant d'arriver sur le haut plateau de 1200 mètres d'altitude, où se dressent les tentes du Douar. Quelques-uns, rebutés par l'absence de charme de cette laborieuse équitation, font la route à pied. Ils arrivent fourbus, car la montée a été rude.

On prend place sous les tentes, garnies de nattes.... et de fagots, pour ceux qui les préfèrent. Il y a fagots et fagots : Ceux-là sont authentiques et fort piquants !... Mais il fait *faim*...

Chacun va à la découverte au fond du *Couffin* à provisions, ramenant avec enthousiasme une aile de volaille ou une tranche de beefsteak qui l'aide à attendre la Diffa, en retard.

Le Général n'est pas arrivé et l'on ne peut attaquer, sans lui, le mouton rôti, dont l'odeur grillante nous pourlèche de loin. Je vois beaucoup de Caïds, mais aucun d'eux n'exerce de suprématie apparente. C'est l'autorité militaire de Tlemcen qui nous reçoit dans ce campement.

Le Général s'installe enfin, sous la tente d'honneur, et donne le signal de la Diffa.

Les cuillers et les fourchettes sont rares ; les serviettes

encore plus. Leur absence me serait un demi mal, si
mes jambes, rompues par l'équitation, n'avaient à subir
encore les fourmillements insupportables causés par leur
installation turque ! Je pensais : C'est très beau, la couleur locale, mais une chaise ferait bien mieux mon affaire !

Je finis par manger à genoux, pour échapper à cette
torture que le Coran n'a pas prévue !

Nous absorbons le même menu invariable : la *Cheurba*,
le *Méchui*, le *Kouskouss*, avec cette différence que
le mouton n'est même pas dépecé. Chacun découpe sur
la bête le morceau qui lui agrée, ou que ses voisins lui
laisse : On n'est pas plus *primitif !* D'immenses Arabes,
drapés à l'antique et portant sur leurs têtes les calebasses
de Kouskouss, entourent la tente d'honneur. Ils s'arrêtent
et, d'un geste noble, déposent sur le sol les grandes
terrines qui circulent ensuite, au travers des tentes : C'est
une scène de la Genèse !

A défaut d'assiette, je mange ce Kouskouss avec les
doigts, dans une feuille du *Journal d'Oran* que me passe
un voisin complaisant. Les peuples Pasteurs n'avaient
même pas cette ressource !.. ...

Tout compte fait, si la Bible a du bon, c'est surtout
lorsqu'on en peut sortir. Il vaut mieux admirer les gens
Bibliques que de l'être soi-même.

Ce repas préhistorique, arrosé d'un café invraisembla-
ble terminé, nous remontons à cheval, pour aller aux
Grottes d'*Aïn Fezza*, éloignées de deux kilomètres. Ces
grottes naturelles, creusées sous un amphithéâtre de
rochers, dont les gradins s'étagent presque symétrique-
ment, s'étendent au loin sous la montagne et servirent

d'asile, dit-on, à des tribus entières pendant la guerre de la Conquête.

On devait les éclairer, au moyen de torches et de 2000 bougies, qui nous permissent d'admirer les fantastiques merveilles de leur architecture.

Mais, avant de pénétrer dans leurs mystérieuses profondeurs, arrêtons-nous un instant pour regarder le grandiose aspect du cirque calcaire qui les recouvre. Sur les gradins, congressistes, indigènes, officiers et soldats se sont groupés dans un méli-mélo original : Au centre, une douzaine de Caïds, drapés de rouge ; autour d'eux et au-dessus d'eux, les haïks des Arabes tachent de blanc, la paroi roussie de la roche contre laquelle ils s'appuient, avec leur désinvolture nonchalante ; plus haut, quelques Turcos et des officiers de chasseurs coiffent de bleu, les arêtes aiguës de l'amphithéâtre. Les intervalles sont remplis par les tons neutres des costumes européens.

Ce tableau merveilleux, où s'agitent 800 personnes, resplendit de vie intense, dans l'apothéose éclatante de la lumière. Il s'immobilise un instant, car un congressiste photographe va le fixer. Y est-il parvenu ? Je l'ignore. — Mais cette scène picturale est restée dans mon souvenir comme une des plus belles que j'aie jamais vues !

Pendant que s'irradient les chaudes effluves du soleil, sur les roches brûlantes, lentement, les grottes éclairent de lueurs rougeâtres, leurs nefs souterraines. J'accepte le bras protecteur de M. F. C... et nous essayons de pénétrer par l'étroite ouverture, obstruée déjà par la foule. Mais quelle fumée irrespirable s'échappe de cet antre ? Est-ce le vestibule de l'enfer ? Des torches de résine s'agitent

dans les sombres couloirs ; on dirait des âmes errantes...
J'étouffe... je ne veux pas avancer davantage dans ce
ténébreux Inconnu. J'ai hâte de revoir le ciel et la lumière du jour. Rien n'est aussi beau ! J'aspire à monter.
Je ne veux pas descendre !

Il faut pourtant redescendre à Tlemcen par les mêmes
pentes pierreuses..... J'arrive sans accident et sans avoir
fait d'autre rencontre que celle d'un superbe massif de
lauriers roses. C'est assez pour garder de cette région
dénudée, un souvenir embaumé.

Le lendemain, 7 avril, accompagnés d'un guide arabe
suffisamment francisé, nous visitons la ville. C'était un
samedi. Kaddour nous conduit, d'abord, à la grande
synagogue, à l'heure de la prière. Le rabbin faisait la lecture de la Bible que les Juifs, assis ou accroupis, écoutent avec recueillement. Ils ont tous l'écharpe blanche,
jetée sur leurs vêtements, et nous font place, avec l'ob-
séquiosité qui leur est particulière. Je jette les yeux sur la
Bible de mon voisin et je constate qu'il la tient à l'envers.

— Les Israélites sont nombreux à Tlemcen. D'après
les traditions, ce serait après la destruction du temple
d'*Onias* (Alexandrie), que les Juifs égyptiens seraient venus
se réfugier à Tlemcen. Ce nombre fut augmenté par les
persécutions du xve siècle qui en amenèrent beaucoup
dans la province d'Oran. Groupés autour du Méchouar,
ils virent peu à peu croître leurs fortunes. Trois synago-
gues s'élevèrent dans le quartier juif : l'une d'elles, nommée *Mastria*, est demeurée le siège d'une école talmudique
célèbre. Le nombre des Juifs s'élève à près de 4000, dans

une ville qui ne compte pas plus de 28,000 habitants, parmi lesquels autant de Français. Le reste est musulman.

Ainsi que pour toutes les villes africaines, d'ancienne origine, le premier berceau de Tlemcen fût une colonie romaine, la florissante *Pomaria*, dont l'existence prit fin à l'invasion arabe, d'époque incertaine. Elle changea son nom de Pomaria, contre celui *d'Agadir*, sous les *Beni–Ifren* ses fondateurs, et se développa sous les différentes dynasties *d'Idrissides* et *d'Almohades*, jusqu'aux *Abd-el-Ouadites* qui régnaient à Tlemcen, au XIIIᵉ siècle. Cette dernière suite de califes fût constamment en lutte avec les *Mérinides*, à leur tour, maîtres de Tlemcen au XIVᵉ siècle, mais bientôt chassés de leur conquête, par le retour des Abd-el-Ouadites. A la fin du XVᵉ siècle, ce royaume atteignait l'apogée de sa puissance, et la ville de Tlemcen comptait au nombre des villes les plus civilisées du monde. Le XVIᵉ siècle voyait sa décadence commencer. Vassale des Espagnols, après la conquête d'Oran, puis de Barberousse, elle tombe au pouvoir du Pacha d'Alger, jusqu'à la conquête française, en 1830. Tour à tour assiégée par les Marocains, reprise par les Français, elle eut pour dernier chef *Abd-el-Kader*, qui s'y cantonna de 1837 à 1842, cherchant vainement à restaurer à son profit, l'empire des anciens émirs. En 1842, Tlemcen était définitivement occupée par la France.

La prédominance de l'Islamisme à Tlemcen dut naturellement y multiplier les temples. On comptait en 1846, soixante et une mosquées, dans la ville et ses alentours. On en visite seulement six aujourd'hui, remarquables à divers titres, au milieu des 26 qui restent debout.

L'architecture extérieure d'une mosquée et sa disposition intérieure sont similaires d'une autre mosquée, et n'offrent pas aux curiosités archéologiques, la variété de styles, des monuments religieux de l'Occident. Est-ce parce que l'Islamisme, plus absolu dans ses croyances, moins divisé que l'Eglise latine, a subi moins d'influences ?

Une mosquée offre toujours à l'extérieur, une succession de coupoles posées sur des murs bas, plus ou moins découpés et dentelés, percés de rares fenêtres irrégulièrement distribuées, qui affectent la forme cintrée ou simplement carrée. L'ensemble, revêtu de lait de chaux, sur l'ordre exprès du Coran, est éclatant de blancheur.

L'intérieur du temple, précédé d'une cour à arcades, ornée au centre d'une vasque pour les ablutions, est distribué en longues rangées symétriques de colonnes de marbre ou d'onyx, supportant les arceaux en fer à cheval, appelés en termes techniques *cintres outrepassés*, de l'architecture arabe. Le long de ces galeries une variété singulière de luminaires : lampes, lustres ou lanternes. Sur le sol, des nattes d'alfa ou de riches tapis de toutes couleurs et de toutes provenances : *c'est tout*. Un sorte de niche surmontée d'une coupole et appelée le *Mihrab*, toujours orientée à l'est, est réservée à l'*Iman* (évêque), qui s'y tient pendant les offices, quand il n'occupe pas le *Minbar*, chaire en bois, sculptée le plus souvent avec une idéale délicatesse et peinte de tons polychrommes, d'un très heureux effet.

La différence d'une mosquée à une autre n'existe donc que dans l'ornementation, et à ce titre, la mosquée d'Oran n'avait pu me donner aucune idée de celles de Tlemcen.

Les lourdes fioritures du porche extérieur ne sont qu'un grossier pastiche des délicatesses de l'art arabe du XIIIe siècle : guipures de stuc jetées sur les parois, entourant la courbe gracieuse des arceaux, courant le long des nefs, en capricieuses guirlandes, revêtant l'intérieur des coupoles, enveloppant les fines colonnettes de bizarres figures. L'écriture arabe, si décorative, se prête merveilleusement à ces fantaisies, et l'on retrouve plus d'un verset du Coran, au travers du fouillis exquis semé partout, avec tant de profusion,

C'est surtout à la *Medersah* (école arabe-française), autrefois mosquée *Djama Ahou'l'Hassen*, que le ciseau des artistes d'antan s'est exercé avec le plus d'art. Non contente de couvrir les murailles de ses fioritures, la dentelle de stuc ajourée s'étend en vitrail dans le vide des fenêtres en arceau et tamise mystérieusement la lumière. Les fins contours de l'arabesque se dessinent avec beaucoup de netteté, sur ce fond aérien : c'est ravissant d'idée et d'exécution. La voûte du *Mihrab*, supportée par des colonnes en onyx, est revêtue des mêmes élégantes arabesques. Un plafond de cèdre, sculpté également, laisse voir encore des traces de peinture polychromme.

Nous allons dans la grande mosquée *Djama Kébir*, construite en 1136, sous l'almoravide *Ali-ben-Youssef*. Nous traversons la cour, dallée en onyx, ornée d'une vasque aux ablutions, également en onyx, mais effritée par le temps. Un vieux musulman nous offre des sandales pour entrer dans le temple. Nos pieds sanctifiés pénètrent dans la longue rangée de 72 colonnes qui supportent les

arceaux des travées, glissant sur d'épais tapis, où s'étouffe
le bruit de nos pas. Des luminaires de toutes sortes, petits
lustres en cristal de roche, lanternes découpées en laiton
et en ferblanc, sont suspendus le long des nefs et semblent
les satellites d'un grand lustre en bois de cèdre, recouvert
en lames de cuivre qui tombe du plafond et date du
XIIIᵉ siècle. La voûte du Mihrab, surmontée d'une coupole ajourée, est la seule partie de l'édifice qui soit ornée
d'arabesques. A côté, la chaire de l'Iman, toute en bois
finement découpé, est peinte de couleurs vives.

La mosquée est vide de fidèles. Quelques fervents,
accroupis d'ici et de là, au pied des colonnes, en trou-
blent seuls le silence, par le murmure psalmodique de
leurs prières. Je faillis marcher sur l'un d'eux, tellement
abîmé dans ses génuflexions, que les draperies de son
burnouss se confondent avec les claires rosaces du tapis.
Ils ne sortent de cette prosternation, que pour télégra-
phier, en se relevant, je ne sais quels signes mystérieux et,
de nouveau, courbés sur le sol, restent plongés dans une
ferveur extatique que rien ne peut distraire. D'autres,
assis dans les coins obscurs, égrènent leurs chapelets de
bois peint. D'autres encore, aux heures chaudes du jour,
viennent chercher là, un peu de fraîcheur : immobiles,
roulés dans leurs burnouss, ils vivent ou plutôt dorment
dans la Mosquée, les heures qu'ils ne passent pas à la
porte, occupés gravement à fumer leur cigarettes.

Les Arabes sont, ainsi que tous les rêveurs, grands
fumeurs de cigarettes — Je dis : ainsi que tous les rêveurs,
car rien ne répond mieux à l'engourdissement de l'âme,
que l'action machinale de rouler le tabac entre deux

doigts distraits, pendant que la pensée flotte dans le
vague et, le tabac allumé, tournoie inconsciente, avec les
nuageuses spirales de la fumée, s'envolant aux espaces !

Or, beaucoup d'arabes n'ont pas d'autre position sociale,
que celle de fumer en regardant le soleil, ce qui faisait
répondre à l'un d'eux, auquel on demandait sa profession :
« *Chemméss* ! » (Je m'ensoleille). Un autre dira : j'ai un
frère qui est tailleur ou cordonnier, ce qui équivaut à :
J'ai un frère qui travaille, je suis dispensé d'en faire
autant.

Au sortir de la grande Mosquée, Kaddour nous conduit
à celle de *Sidi-el-Halloui*, située au dehors de la ville, au
bas des remparts. La Koubba du vénéré Sidi-el-Hallouy
est à côté du temple. Cet *ouali* (saint) vivait vers l'an 1266
de l'ère chrétienne (665 de l'hégire).

La légende raconte, qu'après avoir été marchand de
bonbons (*Hallouy*) sur les places publiques, où il haran-
guait la foule et discourait avec éloquence, sur la religion
et la morale, il devint précepteur des enfants du Sultan
Abou-Zian. La popularité dont il jouissait portant ombrage
au grand vizir, ce dernier le discrédita près du maître et
l'accusa de sorcellerie. Il fut décapité, mais sa mort ayant
été suivie de miracles qui étonnèrent le Sultan, la convic-
tion de l'innocence de ce *juste* pénétra dans l'esprit
d'Abou-Zian. Il regretta son erreur et fit murer le grand
vizir, dans un bloc de pisé. Un tombeau fut élevé à Sidi-
el-Hallouy, en dehors de la ville, à l'endroit où son corps
avait été abandonné, sans sépulture, à la voracité des
oiseaux de proie. La Mosquée du même nom s'éleva, un
siècle plus tard, près de ce tombeau.

Je devais voir, au Musée d'Alger, le moulage de *Géronimo*, enfermé aussi dans un bloc de pisé, au Fort des Vingt-Quatre Heures, ce qui fait supposer que ce supplice était l'une des applications de la peine de mort chez les Musulmans.

Nous remarquons, dans l'intérieur de la Mosquée, huit colonnes en marbre translucide, ornées de chapiteaux exquis. Les murs sont brodés d'arabesques. Le plafond est en bois de cèdre sculpté. Le minaret, couvert d'arcades faïencées, s'élance d'un bouquet de verdure sombre ; sur le faîte, perche une cigogne.

La vue de cet oiseau sacré qui habite les Mosquées, de préférence, me rappelle la légende qui en fait des *Tolba* (lettrés), changés en oiseaux, pour avoir mangé un jour de jeûne. « Elles reprennent tous les ans leur forme humaine dans un pays inconnu et très éloigné et quand, appuyées sur une patte, le cou renversé dans les épaules et la tête élevée vers le ciel, elles font avec un claquement de leur bec le bruit singulier de *Kuam... Kuam*, c'est qu'alors l'âme des Tolba, toujours vivante en elles, se met en prière. » (1).

Un misérable village se groupe autour de ce charmant spécimen de l'art arabe. Dans les ruelles montueuses, d'adorables petites mauresques, à peine vêtues, nous poursuivent de leurs *merci, merci*. Ce sont de jolies statuettes de terre cuite, élégamment drapées de pittoresques haillons. L'une tient suspendue à ses reins cambrés, un marmot ébouriffé, vaguant dans une large ceinture. Est-ce une petite marchande d'amours ? Celui-ci n'est

(1) Fromentin.

guère propre ! mais il est dans la *note locale*. Cette autre est ravissante, sous sa toison brune, frisée et soyeuse; ombrageant de grands yeux, aux tendres promesses ; ses lèvres, un peu fortes, mais si souriantes, coupent de leur vif coloris l'émail de dents éblouissantes. Elle est enveloppée d'un lambeau écarlate. Le joli modèle pour un peintre !

Nous rentrons dans la ville, où nous visitons encore *Djema-Sidi-Brahim* et le tombeau de *Sidi-Brahim*. Nous terminons la visite des Mosquées par celle du *Méchouar*.

La vue du Méchouar évoque tout un passé de magnificences. Dans cette antique et superbe demeure des rois de la dynastie des Abd-el-Ouadites ont passé les poètes, les artistes et les savants de la Tlemcen raffinée du xv siècle. On y voyait, sous *Abou-Tachfin*, un arbre d'argent, sur lequel s'ébattaient toutes sortes d'oiseaux chanteurs. On y célébrait la fête du *Mouloud* (naissance du Prophète) avec une pompe extraordinaire. On y admirait une merveilleuse horloge, construite par un Tlemcénien en 1358, près de deux cents ans avant celle de Strasbourg.

Léon l'Africain a dit du Méchouar :

« Du côté du Midi est assis le palais royal, ceint de hautes murailles en manière de forteresse et par dedans, embelli de plusieurs édifices et bâtiments, avec beaux jardins et fontaines, étant tous somptueusement élevés et d'une magnifique architecture. »

Il ne reste du Méchouar que la muraille crénelée dont j'ai déjà parlé et la Mosquée, convertie en chapelle catholique, à l'usage de l'hôpital militaire.

Les soldats français entendent la messe, où vinrent

prier, tour à tour, les Abd-el-Ouadites, les Mérinides et les Turcs, où Abd-el-Kader prêcha la guerre sainte! *Vanitas Vanitatum!* Les hommes et les révolutions s'oublient; les pierres restent debout et racontent l'Histoire!

Nous faisons l'ascension du minaret en briques, sur les faîtes duquel le *muezzin* ne chante plus de sa voix traînante, aux différentes heures du jour et de la nuit.

La Allah ila Allah! Mohammed rassoul Allah.
Il y a de Dieu que Dieu! Mahomet est son prophète.

Les clairons sonnant la diane ou le couvre-feu ont remplacé la plaintive mélopée.

Du haut du minaret, on domine Tlemcen et ses alentours. Les hautes Mosquées émergent des autres édifices et leurs mosaïques de faïence vernissée reluisent au soleil. La ville est dans un bain de verdure, où elle s'étend, toute blanche. Au loin, Kaddour nous montre le fier minaret de *Mansourah* et ses murailles tombantes. Du côté opposé, assis à mi-côte de la chaîne de montagnes qui domine Tlemcen, la petite ville sainte de *Sidi-bou-Médine* se cache dans les bouquets d'oliviers. Nous avons encore ces deux excursions à faire pour compléter la journée.

Nous rentrons déjeuner de grand appétit, pour repartir bien vite.

Des voitures nous attendent à la porte du grand café de la ville, au milieu d'un flot de population indigène que nous avons de la peine à franchir.

Les Congressistes français passent à l'état de curiosités.

Quel succès ! nous ne pouvons faire un pas sans être entourés de grands yeux interrogateurs.

Notre titre de savants fait-il de nous des êtres d'une espèce inconnue à la gente musulmane ? — A coup sûr, les Tlemcéniens ne nous prennent pas pour des antropophages, car il ne nous serreraient pas de si près ! Est-ce simplement notre nationalité française ? Ce serait le cas de chanter en chœur :

Ah ! qu'on est fier d'être Français !

Nous montons en voiture. Au sortir de la ville, nous passons près d'un arc de triomphe en briques sous lequel passèrent les califes et qu'on appelle la *Porte des anciens Rois*. Il fut élevé par *Abou-Yacoub* en 1229, lors du premier siège de Tlemcen.

Mais quel est ce *Mausourah* où nous allons et dont je distingue déjà l'enceinte à demi détruite. Ce fut une ville puissante et brillante au XIIIe siècle, mais dont la durée fut éphémère.

Abou-Yacoub, sultan des Mérinides, faisait en 1295, le siège de Tlemcen, pour se venger de l'hospitalité donnée à un ministre disgracié, par le sultan des *Abd-el-Ouadites* qui régnait à Tlemcen. Après un premier siège de sept mois, il se retira pour reparaître bientôt et recommença un nouveau siège, qui dura huit ans. Pour occuper les loisirs de la guerre, il se bâtit d'abord un palais, puis une ville qu'il appela *El Mausoura* (la victorieuse). La paix rétablie, la ville fut évacuée. Sept ans plus tard, de nouvelles querelles ramenèrent *Abou'l Hassen* (le sultan noir) à Mausoura, pour y reprendre l'investissement de Tlemcen.

Cette dernière ville reprise, fut reconquise deux ans plus tard, par les Abd-el-Ouadites qui ne voulurent pas laisser subsister à leurs portes, une rivale pouvant témoigner de leur défaite. Mansourah tomba pour ne plus se relever. Elle avait vécu 50 ans.

Il reste de Mansourah le minaret de la Mosquée et une partie des murs de l'enceinte. Ces murailles en pisé, flan-quées de tours, dessinent encore exactement, le contour de la ville. La Mosquée et le minaret, situés sur un petit mamelon, forment la partie la plus intéressante des ruines. Le mur de la Mosquée enserre un vaste rectangle ; il était percé de treizes portes. Le minaret, haut de 47 mètres, se dresse imposant dans la campagne, revêtu de la majesté des siècles. On voit encore les traces de la mosaïque en carreaux de faïence qui ornait les panneaux. Tout en haut, de jolies fenêtres cintrées découpent sur la brique couleur de terre cuite dont on les a murées, leurs élégants arceaux supportés par des colonnettes en onyx. La porte d'entrée, surmontée d'un arcature mauresque, a conservé sa riche ornementation.

Trois pans du minaret restent debout ; le quatrième est complètement effondré. La légende raconte que le sultan Abou-Jacoub avait, pour plus de hâte, fait construire le minaret par des ouvriers musulmans et des ouvriers chré-tiens ou juifs, et que la partie écroulée est celle qui a été édifiée par les *Roumi* ou mécréants.

Dans l'angle interne de deux de ces pans encore debout, on a scellé dans la pierre, des échelons en fer qui per-mettent aux touristes acrobates de grimper sur le faîte du minaret et d'admirer la vue environnante. L'expédition semble assez périlleuse. Un des nôtres la fit cependant, avec succès. Arrivé aux derniers échelons, on eût dit une grosse mouche noire, sur une monstrueuse pièce de nougat !

Que ce congressiste dont j'ai oublié le nom, mais dont les paisibles fonctions de juge au tribunal de Villefranche (Aveyron), ne laissaient guère supposer les talents gymnastiques, reçoive ici l'hommage de mon admiration pour son audace.

Nous faisons le tour de l'enceinte, ramassant d'ici et de là, une parcelle de brique effritée, ou arrachant de leur prison, des fleurettes poussées dans les interstices des pierres. Le silence est partout, dans cette vaste enceinte, remplie jadis, des mille bruits d'une remuante cité. La fraîche verdure s'étend, les fleurs poussent où coula le sang, où s'entretuèrent Mérinides et Abd-el-Ouadites !

La grande nature a le dernier mot de toutes choses et tout y retourne, comme à la vraie source de vie, féconde et impérissable !

Les ruines de Mansourah ne sont plus que le décor d'une campagne admirable, couverte d'oliviers, de figuiers, d'amandiers et de coignassiers. Le ton roux des vieilles murailles donne de la vigueur à toutes ces verdures et la floraison d'avril, plus de gaieté. La sérénité du ciel répand sur l'ensemble du tableau, sa paix lumineuse... Pourtant, elle se trouble un instant. Une ondée survient et nous oblige à nous réfugier sous le toit d'un lavoir, où deux mauresques sont en train de savonner du linge, à la mode européenne.

La mode arabe consiste à le fouler aux pieds, avec des

mouvements rythmés et cadencés qui donnent aux femmes l'air de coryphées d'un corps de ballet. Si parfois, dans la campagne, vous apercevez, au travers des arbres, une pantomime qui vous semble appartenir à une douce ébriété, ne vous étonnez pas ! c'est un *burnouss* qu'on décrasse.

A la vue d'étrangers, la plus jeune des deux mauresques se couvre de son voile, sur l'invitation de sa compagne, matrone respectable et ridée qui peut se montrer impunément, mais elle a l'air de regretter sa soumission et, tout en battant son linge, soulève de temps à autre, le coin de son haïk. Elle semble jolie et me fait songer à cette princesse de la légende d'*Aïn-Tellout* (1) qui lavait aussi son linge à la fontaine, quand le fils du roi de Tlemcen vint à passer. Saisi d'admiration à la vue de la belle jeune fille, il arrêta son cheval ; mais, la princesse effrayée, se jeta dans le bassin et fut changée en poisson par la toute-puissance d'Allah.

Le fils du roi de Tlemcen ne passa point près de notre lavoir et je crois fort que s'il fût venu, la jeune mauresque n'aurait point eu si peur ! Ce fut la pluie qui passa, nous permettant de regagner les voitures et de prendre le chemin de *Bou-Médine*.

Le village de Bou-Médine ou *El-Eubbad*, si joli à voir de loin, émergeant des verdures qui l'enveloppent, nous réservait une surprise désagréable. D'un accès difficile, montueux et pierreux, il offre le triste aspect de maisons

(1) Village des environs de Tlemcen.

délabrées, enchevêtrées les unes dans les autres. Le long
de ces masures, s'échelonnent à notre passage, des grappes
d'enfants en guenilles, les cheveux embroussaillés et rouges de *henné*. Ils s'attachent à nous et nous poursuivent
en nous demandant des *soldi*. De plus grands *lézardent*,
immobiles contre les murs blancs inondés de soleil, mais
ne disparaissent pas, à notre approche, comme le reptile
saurien que l'on dit *ami de l'homme* et qui, pourtant, le
fuit toujours. Le fumier, mêlé à des détritus innomés,
s'étale, en bordure, au seuil des maisons..... J'ai besoin,
pour retrouver quelque illusion, de me rappeler les antiques et religieuses destinées de cette ville des Marabouts,
qui possédait, au temps des *Almohades*, un couvent de religieux guerriers, comptait alors cinq Mosquées à minaret,
des écoles célèbres et une foule d'oratoires où s'entas-
saient les pieux musulmans, venus de tous les pays. C'était
un lieu de pèlerinage et comme l'annexe religieuse de
Tlemcen la guerrière. On n'y trouve plus, aujourd'hui,
que des tombeaux et la splendide Mosquée qui en couronne le faîte.

La *Koubba de Sidi-bou-Médine*, la *Mosquée* et l'ancienne
Medersah, forment un groupe unique et superbe, parmi les
autres antiquités de Tlemcen. Toutes les richesses de
l'art fantaisiste qui créa *l'Alhambra* s'y déroulent, aux
yeux charmés de l'artiste. On ne sait ce qu'il faut le plus
admirer, de l'élégance de l'architecture ou de l'incroya-
ble profusion des ornements : mosaïques de faïence aux
vives couleurs, harmonieusement fondues ; réseaux de
stuc, où les lettres mystérieuses du Coran s'enlacent à la
Flore ornementale la plus capricieuse ; portes de cèdre

lamées de cuivre ; colonnes d'onyx, aux chapiteaux bizarres ; vasques de marbre ; dalles de faïence ; plafonds en cèdre sculpté : tout est d'une perfection achevée.

Les siècles de foi ont, seuls, réalisé un *Idéal* dans l'art religieux. Ils ont couvert l'Italie de basiliques et rempli les couvents de chefs-d'œuvre. Dans le Nord, ils ont créé le Gothique, austère et magnifique ; en Orient, les merveilleuses légèretés de l'art arabe.

Nous visitons d'abord le *Koubba*, où repose l'*ouali*, le vénéré *Sidi-bou-Médine*.

Ce saint personnage était un derviche. Après avoir habité la Mecque et Bougie, il fut appelé à Tlemcen par le sultan *Yacoub-Almanzar* qui désirait le connaître. Arrivé à destination, il aperçut la petite ville de *Bou-Médine*, blottie dans la verdure, aux flancs de la montagne et s'écria, comme inspiré : Combien ce lieu est propre pour y dormir en paix l'éternel sommeil ! Dieu l'exauça : Il tomba malade et mourut. Son corps, transporté en grande pompe à *El-Eubbad*, y fut enseveli en 1198.

— Il repose, depuis sept siècles, dans une châsse en bois sculpté, recouverte d'étoffes de damas rouge, et placée au centre d'une sorte de caveau obscur, surmonté d'un dôme percé d'étroites fenêtres, où le jour pénètre faiblement, éteint par la sombre couleur des vitraux. Une lampe, toujours allumée, répand autour de nous, sa lueur funéraire. Il nous faut un instant, pour distinguer les riches tentures lamées d'or et d'argent, les bannières du Prophète, les œufs d'autruche ornés de pompons, les cierges peints de vives couleurs, les lustres de cristal et les lanternes historiées qui pendent du plafond, au-dessus de la châsse : ce sont les présents envoyés de tous côtés, à la mémoire du saint. Des miroirs, des tableaux représentant la Mecque ou d'autres lieux saints, cachent les arabesques des murailles ; un tapis moëlleux couvre le sol du sanctuaire. — Si la vive lumière du dehors pénétrait tout à coup dans ce lieu sombre, elle y allumerait un papillotage étourdissant de couleurs et de reflets. Partout et toujours, même dans la mort, l'Arabe recherche *la couleur !*

Pour aller à la Mosquée, nous traversons une cour dallée de faïences noires et blanches, où le gardien du tombeau nous fait remarquer un vieux puits, dont la margelle de marbre est tailladée par le frottement de la chaîne qui, depuis 700 ans, va chercher dans ses profondeurs, une eau réputée saine et salutaire, à tous les maux.

Mais la merveille, le bijou à mettre dans un écrin, c'est la grande porte de la Mosquée, malheureusement encastrée dans de sordides masures, comme un diamant serti parmi des cailloux.

Le large cintre est contourné, enveloppé, d'un fin réseau de merveilleuses arabesques ; un étroit bandeau, où se devine une inscription qui est encore une dentelle, sépare l'arcade d'un bandeau plus large, décoré d'une mosaïque faïencée, d'un effet superbe ; au-dessus, la corniche en pierre sculptée, formée de consoles juxtaposées, simple et d'un style harmonieux, s'abrite sous un toit en auvent.

Nous gravissons onze marches, sous un portique fouillé avec une délicatesse infinie, pour arriver à la porte intérieure de cèdre, doublée de lames de cuivre et garnie d'un marteau forgé, exquis. D'après la légende, cette porte admirable, œuvre d'un Espagnol, aurait été jetée à la mer, mais serait ensuite revenue miraculeusement à El-Eubbad, par l'intervention de *Sidi-bou-Médine.*

Dans le cloître de la Mosquée, même richesse : les parois disparaissent sous la broderie de stuc. Je remarque la voûte du Mihrab, découpée à jour et la chaire de l'Iman (*Minhar*), en bois dentelé et peint des tons vifs, chers aux arabes.

Le minaret, égayé par les mosaïques dont il est couvert se dresse au fond d'une cour cloîtrée et dallée en carreaux de faïence. Quel radieux spectacle nous récompense de l'ascension de ses 92 marches ! A nos pieds, la moderne Tlemcen, active et vivante ; autour d'elle, de près ou de loin, des ruines : Ici, les murailles croulantes et le minaret de l'ancienne *Agadir,* voilés par les sombres oliviers du bois de Boulogne ; des cintres ébréchés qui furent des portes ; de blanches Koubbas, semées comme des fleurs géantes, sur les mamelons ou à l'ombre des ramures ; à l'ouest, la tour de Mansourah et ses créneaux aux tons fauves. Des verdures puissantes enserrent ces débris épars. Au-delà, très loin, les montagnes bleuâtres et, dans une échancrure, la mer, vapeur indécise qui se fond avec l'azur, à la limite extrême de l'horizon.

Tout cela baigne dans une lumière sereine. Pas une ombre sur le ciel, dont la voûte s'enlève à des hauteurs sidérales. On ignore, en Algérie, les effets de plafond peint de notre ciel d'Europe où se heurte l'aile audacieuse... Ici, l'âme allégée, respire et s'envole, dans un air pur, aux infinis espaces !

Il ferait bon rester longtemps, devant ce lumineux tableau, mais il faut regagner la terre en traversant la Medersah, où de futurs *Imans* accroupis, psalmodient les versets du Coran. C'est le collège des hautes études ; tout autour de la cour, s'ouvrent d'étroites cellules, destinées aux Tolba (lettrés).

Nous descendons les rampes pierreuses du village pour arriver au champ des morts (*Makbara*) où s'entassent, depuis des siècles, les tombes des Tlemcéniens. Les pierres brisées se cachent sous la verdure. Le printemps a jeté sa gaie floraison sur tous ces oubliés. Nous cueillons les fleurettes d'avril, parmi les Koubba et les débris de squelettes. M. C..., le botaniste, s'arrête un instant devant un crâne rencontré dans une chapelle démantelée. Il me rappelle le fossoyeur d'Hamlet. J'attends les réflexions philosophiques de son esprit gouailleur : « Tête de Musulman, réponds à un chien de chrétien ! Quelle fut ta destinée, ici bas ? derwiche ou marabout, sultan ou mendiant ? as-tu guerroyé contre Barberousse ou prêché le Coran avec Mahomet ? as-tu ciselé la mosquée de Bou-Médine ou conduit les caravanes dans le désert ? etc., etc. » Mais, il ne dit mot et continue sa moisson de fleurs. Nous rentrons à Tlemcen, tout juste pour nous rendre à une séance d'Aïssaoua, organisée en notre honneur au fond de la rue de Mascara, dans le quartier indigène.

Kaddour nous guide dans un dédale inextricable de ruelles étroites, bordées de maisons basses, sans étages.

On descend dans quelques-unes, comme dans une cave, par quelques marches disjointes. Au-dessus de certaines portes, des mains peintes en rouge s'enlèvent sur un fond bleu : ce sont des maisons juives et la main est destinée à éloigner le mauvais sort, tradition conservée par les Israélites, depuis le passage de l'ange exterminateur, marquant de sa main céleste, les maisons des justes protégées par Dieu.

Si la main rouge préserve les masures juives de l'écroulement (on ne sait comment elles tiennent, tant elles sont lézardées), elle ne les garantit pas contre la malpropreté, car elles sont tapissées d'ordures. Dans ce cadre dégoûtant, se meuvent de belles filles à l'œil noir et brillant, au teint ambré, coloré aux pommettes par les rougeurs du fard ; les colliers de sequins descendent en multiples rangs, sur leurs vestes brodées d'or ; leurs jambes, bronzées et fines, font entendre en marchant, le cliquetis des lourds *Kholkhal*, anneaux d'argent massif qui emprisonnent la cheville.

Les plus pauvres ne se privent pas de cet ornement ; elles sont quelquefois sans babouches, jamais sans l'anneau d'argent aux jambes. Sur le talon des plus petits bébés, l'on voit pendre cet attribut féminin qui fait distinguer les filles des garçons.

Dans les carrefours, sous d'étroits passages voûtés reliant les rues, toujours les grappes d'enfants demi-nus, bizarrement accoutrés, criant et se chamaillant. Il en sort de toutes les portes : ce sont des nuées. Je n'ai, nulle part, vu autant d'enfants, qu'à Tlemcen ! Et l'on parle de la paresse arabe !...

Je ne raconterai pas la scène d'Aïssaoua, où je retrouvai les mêmes contorsions qu'à Oran. Je revis le chameau, mangeur de paille ; le lion, dévorant le mouton cru, etc., etc., mais je vis aussi la plus jolie mauresque : rêveuse houri, descendue du paradis de Mahomet et planant sur cet enfer, du haut d'une terrasse voisine. Elle se penchait, furtive, exquise sous les plis du haïk, dans le pur ovale d'une tête de camée antique, revêtue de fierté et de grâce : *Cléopâtre ou Judith !*

En regagnant l'Hôtel de France, je disais mélancoliquement adieu à cette ville de Tlemcen où j'eusse désiré rester quelques jours encore.

J'avais subi, dans tout son charme, le prestige étrange dont elle est empreinte : prestige des choses de l'art ; attraction mystérieuse des vieux souvenirs ; séduction d'une nature incomparable ; aspect curieux, pittoresque, d'une population bien personnelle : tout me ravissait. — J'aurais voulu errer à loisir et longtemps, dans la rue des orfèvres, aux échoppes branlantes ; entrer dans les boutique d'étoffes algériennes, de cotonnades et de *gandouras* de la rue de Mascara ou regarder confectionner les babouches en filali.

Dans un quartier sombre, aux voûtes basses, où Kaddour nous avait conduits, j'étais entrée chez un tisserand et j'avais vu tisser les couvertures à rayures éclatantes de coloris, que l'on rencontre partout à Tlemcen, sur le dos d'Arabes marchands qui les offrent aux étrangers. S'ils vous en demandent 20 francs, offrez-en la moitié ; ils se récrient d'abord, mais il n'est pas rare de les retrouver une heure après, vous laissant la couverture, au-dessous du prix offert. On ne peut faire dix pas à Tlemcen, sans être entouré de ces nomades chargés d'étoffes, de tapis du Maroc, d'objets en maroquin richement brodés: carniers, pochettes ou autres bibelots dont on remplirait volontiers sa malle, s'ils ne vidaient, trop lestement, le porte-monnaie.

Pour céder à ces tentations multiples, sans trop les regretter, il faudrait, au moins, parler suffisamment le *sabir* (1) pour discuter et marchander. On aurait, de plus, le plaisir de goûter la saveur un peu crue du caquetage des petites marchandes de galettes (*hobsa*) que l'on rencontre un peu partout, mais surtout sous les grands arbres de la place de la Mairie.

Mais où j'aurais voulu pénétrer, c'est dans un de ces intérieurs si bien clos, où se cachent les élégantes Mauresques, les séduisantes Almées..... Mes compagnons de voyage avaient franchi, sans peine, le seuil de ces harems interlopes où le frac masculin sert de passeport. Si j'en avais eu un à mon service!..... mais je n'avais que ma robe de fille d'Eve!

Le 8 avril, à 6 heures du matin, les pataches variées qui nous avaient voiturés à l'arrivée, se remplissaient de nouveau de nos personnes et de nos colis et faisaient sonner, sous le fer des chevaux et le bruit des roues, la ville encore endormie.

(1) Idiome barbare, sorte de patois qui veut dire lui-même *comprendre.*

Adieu Tlemcen la guerrière !

Ton souvenir féérique et charmant embellira, souvent, la banalité de ma vié bourgeoise ! Je reverrai en songe, tes hauts minarets, les créneaux de ton vieux Méchouar, tes ruines imposantes et ta verte campagne, aux 50,000 oliviers ! Si la civilisation ne me claquemurait pas, là-bas, sous les brouillards du Rhône, j'aurais voulu vivre quelque temps dans ton air pur, respirer le parfum de tes roses et de tes violettes, me baigner dans ton soleil ! Hélas ! il faut partir !

I.. il.. fau.. aut partir ! ! !

Tout en modulant, dans mon for intérieur, cette phrase chromatique de la *Fille du Régiment*, je franchis pour la dernière fois, le seuil de la porte d'Oran. Nous changeons de route. C'est par *Aïn-Temouchent* que nous retournons à Oran. A droite, *Sidi-bou-Médine* s'éclaire aux rayons du soleil levant : longtemps, nous apercevons son vieux minaret, au-dessus des verdures. Les tours de Tlemcen ont disparu. Nous le voyons encore ! Il est là, debout et fier, comme la sentinelle avancée de la ville des Califes, dont il conserve les pieuses traditions et raconte les gloires !

Les steppes reparaissent au bas du massif montueux de Tlemcen. De loin en loin, des *Gourbi*s (1) campent dans la lande, au hasard des coins moins arides ou quelque peu verdoyants. Des troupes d'enfants s'échappent des tentes, à notre passage et suivent les voitures : *soldi, soldi,* crient toutes ces bouches mendiantes.

(1) Hutte de branchage ou tente grossière des Arabes nomades.

Nous leur jetons de la monnaie de cuivre, nous amusant fort à regarder ces jeunes rapaces se la disputer en criant. Bec et ongles, tout y va! Le sou est au plus agile ou au plus méchant. Ils parcourent plusieurs kilomètres, pieds nus, à peine vêtus, plumes au vent, drapés de poussière, jusqu'à ce qu'essoufflés et fourbus, ils renoncent à leur chasse pour retourner au Gourbi.

Nous traversons des régions absolument inhabitées. L'homme tient si peu de place dans les grands espaces algériens! Autour de nous, rien que le silence. A défaut d'êtres humains, le rugissement d'un fauve ferait pourtant bien dans ce désert! Une silhouette de panthère, sur les crêtes pelées, signerait ce paysage morne de la griffe africaine! Mais le regard fouille en vain les replis de l'horizon : il n'y trouve même pas le lion édenté, débonnaire, de Tartarin! Quelque temps, un Caïd à cheval se rendant à son Douar, anime l'uniformité de la lande. Son manteau rouge met une note vive dans la teinte neutre des palmiers nains et des jujubiers sauvages. Il galope dans les sentes rocailleuses, montant et descendant, disparaissant à nos yeux et débouchant, tout à coup, d'un massif rocheux, lorsque nous le croyions hors de notre vue. Il a une fière élégance de grand chef et semble soudé à son cheval, tellement ses mouvements sont harmonieux et souples.

L'Arabe et le cheval se complètent: le premier est la tête qui pense et dirige; le second, le corps obéissant. Ils sont créés l'un pour l'autre, et aussi, pour cette terre d'Afrique, aux étendues sans limites.

Nous passons au pied du plateau où se trouvent les

carrières de marbre onyx, avec lequel on a fait l'escalier
de l'Opéra et la rampe de celui de l'Hôtel-de-Ville d'Oran.
Elles étaient connues des Romains et aussi des sultans
de Tlemcen, qui y faisaient tailler des colonnes, des
vasques et des dalles, pour leurs Mosquées et leurs palais.
L'industrie moderne, plus prosaïque, n'en fait que des
garnitures de cheminée et des marches d'escalier.

Notre entrée à *Aïn-Temouchent* serait triomphale, sans
notre tenue quelque peu... bohême. La poussière et la
paille de la diligence ont brodé trop d'arabesques sur
nos vêtements. Nous avons grand besoin de la brosse
empressée des petits *Arabico* qui nous attendent, à la descente des voitures, pour les enlever et donner une idée un
peu propre, d'un Congrès français, à la population d'Aïn-
Temouchent endimmanchée, alignée sur notre passage.

Nous déjeûnons aux sons de la fanfare qui exécute sous
les fenêtres de l'hôtel, les plus beaux morceaux de son
répertoire. La municipalité nous offre gracieusement le
café, accompagné d'un discours, débité par une autorité
en cheveux blancs et décorée, le maire, sans doute. Un
doyen du Congrès, décoré aussi, de cheveux blancs et
d'une rosette, lui répond, et, chargés d'honneurs..... et
de valises, nous allons prendre le train d'Oran, qui nous
dépose à la gare de Karguentha à 6 heures du soir.

Je revois Oran, E... et J... qui m'attendaient.

Je suis heureuse de les embrasser et de me reposer de cette longue journée de séquestration dans une patache algérienne, dont les vénérables coches de nos pères
peuvent à peine, donner l'idée. Impossible de s'imaginer
le délabrement et la variété de ces engins de véhiculation:

c'est à croire que la vieille France envoie à sa sœur ca-
dette, avec ses déclassés, toutes ses carioles hors d'usage !!

J'avais dit adieu à mes aimables compagnons de route
que la fin des excursions du Congrès allait disperser à
tous les coins de l'horizon. Je me reposai un jour à
Oran, avant de prendre, moi-même, la route d'Alger. Je
revis la baie, le port, la haute mer au loin. Le soir,
j'admirai un dernier coucher de soleil, dorant les
falaises qui s'étendent à l'Est, colorant les dunes de
sable, de ces tons chauds et superbes, inconnus à nos
régions européennes : le pourpre, l'orange, le jaune,
le gris bleu, se succèdent dans le ciel et se fondent en
une douce brume violâtre, qui s'étend, comme un voile,
à l'heure du crépuscule. Puis, les montagnes, enveloppées de ce voile qu'elles semblent retenir, s'effacent lentement, dans l'obscurité naissante. Peu à peu, le ciel se
constelle : c'est la nuit, radieuse et phosphorescente : *la
nuit africaine* !

ALGER. — EL-DJEZAÏR

Le 10 avril, le train d'Alger m'entraînait loin d'Oran et de mes chers Lyonnais que j'y laissais, le cœur un peu triste.

Allais-je retrouver quelques épaves du Congrès ? ou devrai-je franchir, solitairement, les 421 kilomètres qui séparent l'ancienne ville espagnole de la Djezaïr des Turcs ?

Une bonne figure de congressiste, installée dans mon compartiment, répond à mon inquiétude. Je trouve de suite à qui parler. Ce n'est pas que les bavards manquent dans les trains algériens ! On est toujours certain de posséder dans son voisinage, *au moins*, un colon expansif qui vous parle d'agriculture, de colonisation, se plaint du gouvernement, de l'organisation déplorable du fonctionnarisme, de la paresse des Arabes, de *l'Altise*, petite mouche bleue qui attaque la vigne, et finalement, après toutes ces plaintes, vous apprend que la vigne rend 50 à 60 hectolitres par hectare, la propriété 8 % et, qu'en somme, il n'y a pas de pays plus beau, plus fertile ni plus agréable à habiter.

Le train s'arrête à toutes les stations dont les noms évoquent souvent les souvenirs de la conquête, en rappelant ceux des généraux tués pendant la guerre : l'Histoire de la Colonie est racontée sur les routes et recueillie dans les cimetières !

Je vois passer rapidement les villages et les cultures. Près d'*Inkermann*, l'avant-dernière station de la province d'Oran, se prolonge la rampe droite d'une montagne qui me rappelle la Dent-du-Chat : même dessin, mêmes arêtes. La ressemblance s'efface avec le rapprochement. Nous passons sur le lit du *Chélif*, le plus grand fleuve de l'Algérie ; mais, comme tous les *Oued* (1) algériens, il est presque à sec. Au-delà d'*Orléansville*, nous arrivons en vue des belles montagnes de *l'Ouarensenis* (rien de plus haut). De certains points de la voie, elles offrent de superbes aspects. A 8 heures du soir, je m'arrête à *Blidah*, avec le major T... et M. T..... le botaniste, rencontrés dans le train. Nous devons passer la journée du lendemain dans cette coquette petite ville et visiter ensemble, les *grottes de la Chiffa*.

Je m'étais fait de ces célèbres grottes et du *ruisseau des singes* une idée bien différente de la réalité ; il est rare que les choses trop vantées ne causent pas quelque déception. Je rêvais de légions de quadrumanes nichés dans les arbres, sautant de branche en branche, exécutant mille tours de voltige, gambadant, grimaçant aux yeux des touristes, à la façon des clowns. Lorsqu'on va au spectacle, c'est pour voir quelque chose ! Or, au ruis-

(1) Cours d'eau.

seau des singes, on voit très peu de singes !... *Si*, en les cherchant bien, avec la patience qu'on apporterait à trouver des épingles dans un sac de son, on finit par en signaler un, puis deux, quelquefois trois, rarement quatre..... l'œil s'accoutume à la similitude de couleur de ces animaux et des rochers sur lesquels ils s'ébattent. Voyez, s'écriait le major T..., armé d'une forte jumelle, en voilà un qui descend du sommet ; il court sur le rocher. Ah ! il disparaît dans une touffe d'arbustes. En voilà un autre, sur cette branche, là, en face ! Et tous, écarquillant les yeux derrière les verres de nos lunettes braquées sur les rochers, nous poussions un cri de triomphe, lorsque nous avions *enfin* découvert le singe signalé. J'en comptai bien jusqu'à six, pendant une demi-heure de minutieuse investigation. Et beaucoup de visiteurs des gorges de la Chiffa ne peuvent en dire autant.

Ah ! la bonne fumisterie ! Elle vaut celle des levers de soleil absent de certains sommets des Alpes Bernoises, affligés de la spécialité de vous arracher, avant le jour, aux douceurs du sommeil, pour n'offrir qu'un brouillard, à vos yeux endormis !

Il est vrai qu'à la Chiffa, on a la ressource de regarder, à loisir, une fresque peinte à grands traits, sur le mur de la Buvette, où des singes affublés de vêtements et de noms, jouent avec des chiens : Ce vieux singe renfrogné s'appelle Grévy ; celui-là, plus fringant, Wilson ; cet autre, à l'air conquérant, Boulanger ; je lis au bas d'une affreuse guenon : Limousin, etc., etc. Il y a encore la mutine et gourmande guenon enchaînée du maître de la Buvette : elle sert d'enseigne et de *réclame !*

Mais, si les singes manquent au ruisseau, le ruisseau ne ment pas aux touristes. Il jase avec des bruits de torrent, au fond d'une gorge étroite, sur un lit rocailleux, dans un fouillis de végétations enmêlées. Des fruits sauvages pendent des arbres suspendus sur ses bords. Le soleil entre avec peine, au fond de cette brèche ouverte dans les rochers ; or, les singes aiment le soleil : son absence explique celle des *hôtes de ces bois*, d'après le gardien qui ne manque jamais de dire qu'ils descendent en Légions, des forêts couronnant les crêtes, à certaines heures du jour.... mais ce n'est jamais *celle* où vous êtes là !

— Nous gravissons les gorges jusqu'à mi-chemin de *Médéah*, au point où quelques belles cascades tombent en se divisant, du haut des sommets. La route, conquise sur le rocher qui la surplombe de 100 mètres, côtoie *l'Oued-Chiffa* qui coule, tantôt sur un lit de sable et de gravier, tantôt au travers des quartiers de roche éboulés. Peu d'arbres sur les pentes, à l'exception de vieux oliviers. Si parfois, un coin vert se niche dans les anfractuosités de la roche, quelques maigres troupeaux y broutent l'herbe courte et rare. L'ensemble du paysage aurait l'aspect suisse, s'il y avait des sapins sur les hauteurs et pas d'Arabes sur le chemin.

— Nous croisons, à tout instant, de petites caravanes indigènes, allant à Médéah ou en revenant. Le *bourrico* marche le premier, de son pas alerte et résigné. L'Arabe et sa *smalah* déguenillée suivent, excitant la pauvre bête de leurs *Arrah ! Arrah !*

La voie ferrée doit se frayer un chemin au milieu de

ces grands rochers et couper les Gorges pour arriver à Médéah. D'ici à peu d'années, l'Algérie, sillonnée de chemins de fer, sera en plein essor de civilisation, mais le pittoresque sera bien malade !

Quel splendide décor apparaît à nos yeux, au sortir des Gorges ! Nous avons à nos pieds, l'immense plaine de la *Mitidja*, bornée par les collines du *Sahel*, parée de ses cultures et de ses jardins. Nous laissons, derrière nous, le dernier piton du sombre *Ouarensenis* (œil du monde) ; à l'opposé, aux limites de l'horizon, on devine la cime blanchâtre du *Djurdjura*. — Voici le cimetière, entouré de barrières rustiques. Les tombes blanches et les koubbas se cachent à l'ombre d'oliviers centenaires, de frênes et de caroubiers. Le mystère et la paix gardent les abords de cet enclos de la mort.

Nous rentrons à Blidah par une magnifique allée de platanes qui semble être l'avenue d'un parc gigantesque : car Blidah est un vaste jardin, planté d'orangeries, fleuri de roses, embaumé de parfums !

L'étranger l'appelle une petite ville (Blidah).
Et moi, Blidien, je l'appelle une petite rose (Ourida).

Ce distique dit ce que fut la délicieuse cité arabe, avant la conquête : lieu de délices, petit Paradis de Mahomet où rien ne manquait, ni les Houris, ni les eaux gazouillantes, ni les fraîcheurs ombreuses, ni les bosquets embaumés.

La civilisation a détruit ces rêves, pour les remplacer par les pratiques réalités. Où se cachaient les maisons mauresques, de grandes bâtisses se sont élevées. La ligne droite traverse, de sa rigidité fixe, les contours disparus des villas ombreuses : c'est toujours *Blidah*, mais comme le dit spirituellement *Fromentin* « elle ressemble aujourd'hui, trait pour trait, à une mauresque que je vois se promener dans la ville, qui a été belle et qui, ne l'étant plus, s'habille à la française, avec un chapeau de mauvais goût, une robe mal faite et des gants fanés ». Et puis, c'est une ville de garnison, c'est tout dire pour expliquer la disparition de son cachet arabe.

Combien je préfère la sauvage Tlemcen, moins peignée, moins attifée, mais combien plus pittoresque !

Si Blidah a perdu le pittoresque, elle a gardé la grâce et, bien qu'un peu mignarde, cette grâce suffit pour séduire le passant qui ne peut qu'admirer sa situation ravissante au pied de l'Atlas, ses beaux arbres, son bois sacré d'oliviers semé de koubbas, la limpidité de son ciel et savourer les arômes pénétrants qui s'échappent de ses jardins en fleurs !

Nous la quittons, le lendemain, pour gagner Alger.

— Quel aspect différent de celui de l'avant-veille. L'aridité de la campagne oranaise est remplacée par la fécondité de l'opulente plaine de la *Mitidja*, bien nommée le *grenier de l'Algérie*. Ses cultures plantureuses étendues entre le *Sahel* et la mer qui la bordent au nord et le grand *Atlas* qui la confine au sud, réjouissent les yeux charmés Au sortir de Blidah, nous passons au milieu de véritables forêts d'orangeries ; mais les fruits d'or de ces Hespérides n'y sont plus. La saison est finie.

Bientôt, les branches vont refleurir pour la moisson prochaine.

La Flore arborescente algérienne commence à se montrer. Nous longeons des forêts d'Eucalyptus, des avenues de platanes. A *Bouffarik*, j'admire une glycine géante entourant la gare de ses draperies de fleurs. Les grappes aux tons ombrés, allant du violet sombre au lilas clair, s'entassent, se serrent et forment au-dessous de l'auvent un admirable baldaquin. Quelle richesse de floraison et de coloris ! Et nous ne sommes qu'au 11 avril. Il neige encore en France ! Ici, tout ruisselle de fleurs ! ! !

Au *Gué de Constantine*, autre exclamation ! Un Eucalyptus, ayant à lui seul le volume de cinq autres, étend ses ramures flexibles sur la voie. Ce n'est pas que j'admire beaucoup cet arbre australien, que je trouve un peu *pleurard*. Son feuillage élégant mais pâle, chétif, souvent poudreux, manque de coloration. Je lui préfère le sombre caroubier, aux petites feuilles luisantes et fermes. C'est pourtant un arbre fort apprécié qui se multiplie rapidement à Alger et dans ses environs

Bientôt, la mer est signalée. De la baie du vasistas ouvert, je vois *Alger* dans le lointain, et son Phare et les flots bleus : Nous sommes arrivés.

On a tout dit sur Alger. Aussi, ne veux-je point faire ici un cours d'histoire ni d'archéologie. Cette simple relation n'est que la peinture de mes impressions, au jour le jour, sans prétention ni amplifications.

Or, ma première impression n'a rien de saisissant. Je

retrouve, en montant l'escalier de la gare, le remue-mé-
nage habituel qui suit l'arrivée d'un train. Sur le quai,
voitures de toutes sortes et commissionnaires de toutes
nuances : cela ne m'étonne plus.

Mais je retrouve aussi mon cousin L... G... qui m'attend et ce *revoir* m'est doux. J'ai dit un adieu définitif aux
derniers congressistes, le major T .. et le chimiste parisien
M. T... Sans la présence de Louis et de son aimable
femme, je serais seule à Alger.

Connaissez-vous la rue *Bab-Azzounn* ? Si vous n'en
avez pas ouï les merveilles, vous ne savez rien d'Alger !
Car, c'est dans cette rue que le Pschuttisme franco-algérien
promène ses modes et ses parisiannesques élégances ! Il
est de bon ton, dans ce petit groupe restreint et choisi
que l'on nomme partout (je ne sais pourquoi), la *bonne
société*, de se montrer, à certaines heures, sous les arcades
basses de la rue Bab-Azzounn. L'on y jase de tout et de
tous, du fait divers ou du scandale du jour, de la toilette
neuve de Madame X... ou du nouvel amant de la petite
Z... ; on s'y regarde et l'on y échange les petits saluts à
ressort, inventés sans doute, pour l'assouplissement des
muscles de la région cervicale...., absolument comme
ailleurs.

Jusque là, donc, rien d'original. Les boutiques françaises qui la bordent, ressemblent à celles que l'on voit
partout, à l'exception des bureaux de tabac, décorés de
glaces, où le costume éclatant du jeune Maure qui le
garde, s'encadre gaiement de dorures, de couleurs et de
reflets.

Je retrouve dans la population variée qui circule et se croise, le long de cette vivante artère, le mélange bariolé d'Oran; seulement, le haïk des Mauresques, arrangé en forme de masque, laisse à découvert une paire d'yeux immenses, veloutés, jaseurs et langoureux, qui semblent s'échapper du voile !...

La rue Bab-Azzounn aboutit à la place du Gouvernement, le cœur d'Alger : Indigènes, Étrangers, Français, Turcs et Maures, s'y mêlent, s'y coudoient et s'y renouvellent sans cesse. On y trouve tous les journaux d'Europe et tous les voiturins de la banlieue : corricolos, tramways ou Cars-Rippert, aussi, toutes les diligences ou pataches conduisant à Laghouat, en plein désert, ou dans la montagneuse kabylie. Elle est entourée de cafés, d'hôtelleries et de brasseries : on dirait le grand caravansérail des nations...

La grande Mosquée *Djama-kebir*, d'une blancheur crayeuse, insoutenable à l'œil, en occupe le centre et rappelle seule, l'Alger antique. Elle vit en bonne harmonie avec la statue équestre du duc d'Orléans, sa voisine, qui elle aussi, rappelle l'asservissement d'El-Djezaïr la Turque ! Une Mosquée et une statue suffisent à raconter l'histoire d'un peuple.

La chaussée exhaussée, sur laquelle est située la place du Gouvernement, domine le port et le Boulevard de la République dont le long parcours suit les bords de la mer. Ce boulevard, supporté par des arcades dont l'ensemble forme une immense dock pour les marchandises, sert de rempart, du côté du port, et de promenade aux Algériens. On y flâne à tous les instants du jour, mais surtout le soir, à l'heure où les exhalaisons salines apportent avec elles, la brise de mer rafraîchie. On s'installe à la brasserie *Grüber* et l'on boit la bière allemande, dans ce cadre d'Orient, redoré à la française, avec la mer devant soi et des gens de tous pays, autour de soi. Sous les arcades, des nomades cuivrés, noirs ou bronzés, vous offrent les tapis d'Alfa, ceux du Maroc ou de Tunis ou les mille bibelots de camelote indigène ; les petits *Biskris* insistent pour cirer votre chaussure ou brosser vos habits. Si vous êtes dans le voisinage de la place du Squarre, hâtez-vous, pour leur échapper, de vous réfugier dans cette fraîche oasis de superbes palmiers, placée au centre des rues brûlantes de la ville française.

Cette première vue, à vol d'oiseau, jetée sur l'Alger moderne, L... me propose une promenade en voiture à *Mustapha-supérieur*, retour par *Mustapha-inférieur*.

Nous traversons le faubourg de *l'Agha*, ancienne résidence de l'Agha, sous la domination turque, aujourd'hui, bordé de restaurants, de buvettes et d'auberges, semé de terrains vagues où bivouaquent les âniers. Des plantations d'Eucalyptus, des Bella Ombra, des Cactus et des Aloës, s'alignent de chaque côté de la route. Quelques oliviers centenaires ont été, dit l'histoire, plus souvent chargés de *pendus* que *d'olives*, du temps où la juridiction turque s'exerçait dans ces parages !

Nous voilà sur la route de Mustapha. Là, je n'ai pas de qualificatif, pas de formule à mon service, pour traduire ma complète admiration.

Nous montons lentement, sur une belle route, le long de délicieuses retraites de verdure, remplies d'ombre et de silence. Elles abritent des châteaux, des villas, mais surtout des maisons mauresques dont les terrasses blanches apparaissent éclatantes, dans les trouées des hautes futaies. Toute la magnificence de la Flore indigène est là : forêts d'Eucalyptus, faux Poivriers au feuillage de vignette, Palmiers superbes, Ficus géants, Caroubiers sévères, Bananiers aux larges feuilles tombantes. Des haies de rosiers en fleurs courent le long des balustres de marbre et ferment aux curiosités, les secrets de ces *Edens*. Quelques villas s'enveloppent de tentures de fleurs, d'un rouge superbe : c'est le *bougainville* qui joue ici, le rôle du lierre et de la vigne vierge, avec le coloris en plus.

Et quel tableau ! Quel merveilleux horizon ! A gauche, Alger la blanche, vue de profil, étendue le long de sa colline escarpée, dans sa pose paresseuse d'odalisque, abandonnant ses pieds aux baisers de la mer. Devant elle, la baie immense, couverte de navires et de voiles ; au-delà, la haute mer, miroitante sous le soleil. Plus près, le bassin formé par la courbe mollement arrondie de la colline de Mustapha, étagée de villas et de jardins. Vers la rive, les eaux reflètent plus d'azur et se moirent de blancheurs nacrées.

Et quelle lumière intense, égale, ajoutant à toute chose, sa valeur rayonnante ! Les maisons turques sont plus blanches encore, les verdures plus vigoureuses, les fleurs plus éclatantes, les eaux plus scintillantes, dans ce bain d'ardent soleil !

Ah ! pauvre grise Europe ! Tu envoies à l'Algérie tes

journaux, tes inventions et tes banques. Tu devrais bien troquer le flambeau vacillant de tes sciences caduques contre ce foyer de radieuse lumière, pour réchauffer ta terre refroidie !

— Je suis éblouie, vaincue ! Le Panorama d'Alger, vu du haut de la colline de Mustapha, est au-dessus de tout ce que l'on en peut dire ! Bienheureux les élus qui peuvent vivre et mourir dans ce Paradis de verdure et de fleurs, respirer cet air tiède et pur, s'imprégner de cette chaude lumière !

Aussi, l'ambition de tout Algérien est-elle de posséder une villa dans ces régions bénies. Les gens de goût qui savent respecter l'harmonie de ce cadre oriental, s'y bâtissent une maison mauresque et la meublent à la Turque : divans bas, riches tapis arabes et persans ; parquets de faïences à fleurs ; tentures asiatiques et marocaines; poteries kabyles; cuivres de Damas ; étroites fenêtres à croisillons ; coupoles ajourées... où on y trouve tout le confort mystérieux, élégant, de la vie arabe.

J'ai eu l'occasion d'admirer un de ces intérieurs, si bien compris, chez M. R.. , juge au tribunal d'Alger, et oncle de ma cousine H.....

Nous allons, un autre jour, à la *Pointe Pescade*, à l'ouest d'Alger, en traversant le village de *St-Eugène*, appelé le *Mustapha des Juifs*.

La plupart des villas de mauvais goût, semées entre la route et la mer, appartiennent aux fils d'Israël. Tous les styles, tous les coloris s'y heurtent dans un méli-mélo criard et prétentieux.

Il y a, entre une villa juive et la maison mauresque, la même différence qu'entre une juive au visage découvert et fardé, à l'œil hardi, au costume fait d'étoffes voyantes et disparates, et la mystérieuse mauresque, voilant sa beauté et ses atours.

Le site est bien différent de celui de Mustapha. Les roseaux flexibles, les cactus épineux, les oliviers et les lentisques qui bordent les jardins, ne remplacent pas la luxuriante clôture des ombreuses villas de la colline enchantée.

Après St-Eugène, la route, parallèle à la mer, en suit les contours jusqu'à la pointe Pescade qui avance hardiment dans les flots ses récifs rocheux, battus par les vagues. Un *Bordj* (fort turc), bâti en 1671 par *Hadj-ali-Agha*, en couronne le faîte. D'autres fortins turcs, dans les alentours, défendaient ces côtes, sans cesse attaquées par les Européens, malgré les traités de paix.

De là, Alger présente aussi, un superbe tableau. C'est un autre décor. Il se profile à droite, laissant voir davantage, sa blanche *Casbah* et le développement de la ville française. De nombreuses pointes rocheuses, entre lesquelles se creusent de petites anses, s'avancent, se retirent et découpent le rivage, capricieusement. Comme fond, le *Bou-Zaréa*, dont Notre-Dame d'Afrique couronne un des derniers contreforts.

Du haut de ce Fourvières algérien, on domine tout l'ensemble panoramique d'Alger et de ses alentours. L'œil plonge dans le village de St-Eugène, situé au bas du mamelon et pourrait compter les pierres tumulaires du cimetière juif, voisin du cimetière européen. Dans le premier, nudité, sécheresse : ni fleurs ni arbres sur les tombes. Dans le second, la fraîcheur ombreuse dont la paix chrétienne entoure la demeure de ses morts. Au-delà de St-Eugène, le quartier espagnol, *la Cantera*, étend ses guinguettes et ses pauvres maisonnettes jusqu'à la porte *Bab-el-Oued* et, sautant par-dessus la ville, le regard va chercher au loin le cap *Matifou* qui, à l'est, ferme la magnifique baie de la blanche *El Bahadja*.

L'église de Notre-Dame d'Afrique, d'un style un peu bâtard, mauresque ou romane, selon que l'on considère son clocher carré en forme de minaret, le dôme qui recouvre sa coupole ou les détails de son architecture, est admirablement située et fait un très bel effet, vue de la mer. Elle est garnie *d'ex-voto*, sous toutes les formes, mais pas autant qu'à Fourvières (l'élément catholique ne dominant pas en Algérie) et desservie par des *Pères Blancs*, dont la longue barbe et la robe de laine blanche sont similaires du type indigène. Ici, les églises sont quelque peu sœurs des Mosquées et les religieux, frères des Arabes : c'est encore de la couleur locale.

Une délicieuse vallée, celle *des Consuls*, contourne la colline et l'enserre de ses replis verdoyants. Le chemin creux s'enfonce dans les hautes herbes, sous de puissantes futaies en berceaux, ondulant autour des prairies veloutées, tapissées de fleurs.

Ça et là, se devinent, sous les mystérieux ombrages, les arcades d'une maison mauresque, cachée aux yeux des promeneurs et aux rayons trop pénétrants de la lumière : Les maisons arabes se voilent d'ombre, comme les fem-

mes de leur *haïk*. Le passant ne sait rien de la vie intime
de ces Gynécées, pas plus qu'il ne devine la beauté d'une
mauresque, sous les plis du masque.

Les environs d'Alger fourmillent de ravissantes promenades. Je n'avais malheureusement pas le temps de les
connaître toutes.

Un autre jour, nous partions par *Birmandraïs* pour
revenir par le *Ravin de la Femme sauvage*, au *Jardin
d'Essai*, sur la route *d'Hussein-Dey*.

Nous suivons un joli vallon, assez profondément en-
caissé. Je remarque la belle culture des vignes étalées sur
les pentes des côteaux ; les ceps, à distances égales, ont
l'air d'avoir été plantés à l'aide du compas.

— Ce sont de grands *damiers* où les *noirs* et les *blancs*
ne se livrent pas bataille.

Mais pourquoi le nom de Femme sauvage donné à ce ravin ? A-t-il abrité une beauté Cafre ou quelque Hottentote ?

L... nous explique que cette épithète désignait une
cantinière de l'armée française, installée là pendant la
conquête et qui, loin d'être sauvage, civilisait très vite,
au contraire, ceux qui l'approchaient.... et voilà comme
un excès d'euphémisme fait d'une trop aimable cantinière,
une sauvagesse !

En suivant ce ravin, on se croirait en France. N'étaient
les groupes d'orangers et de citronniers, piquant de leurs
fruits dorés quelques fouillis de verdure, l'aspect frais et
champêtre n'est nullement africain. Un Oued (ruisseau)
jase au fond du ravin, parmi les végétations et les mousses.
Rien de cru, de heurté : tout repose les yeux dans ce coin

de campagne française, où l'on trouve de l'eau, de l'ombre et des herbes.

Tous les voyageurs revenant d'Alger, ont vanté, chanté, les merveilles d'arboriculture du jardin d'Essai. Qui ne connaît, au moins par les mille et une voix de la renom·mée, les quatre célèbres allées des bambous, des platanes, des ficus et des palmiers !

L'allée des bambous, cathédrale de roseaux, dont les multiples et flexibles colonnettes serrées, entrelacées, s'élancent et se croisent bien haut, en voûte ogivale, mystérieuse et profonde. Le voile aérien du feuillage l'enveloppe d'un réseau d'ombre fraîche, traversé par les blancheurs lumineuses du jour.

Les platanes superbes drapent leurs troncs lisses, des teintes sombres du lierre, de la base au sommet.

La silhouette élégante des palmiers, coiffés de leurs panaches verts, s'enlève vigoureusement, sur le bleu du ciel. Leur double rangée s'aligne comme la colonnade d'un temple grec, aux chapiteaux fleuris. De puissantes lianes, aux allures serpentines, partent du sol, les escaladent et les enroulent de leurs plis, jusqu'à les étouffer : quelques-uns meurent sous leurs étreintes.

D'un palmier à l'autre, des guirlandes dè roses jettent leurs capricieux festons ; elles sont rouges, roses, blanches, thé, de toute couleur et de toute beauté. Les grappes noires et lourdes des fruits des palmiers, se parfument de leurs senteurs.

Il y a encore les ficus géants dont l'aspect fantastique m'a fait rire, au souvenir des petits *empotés* dont nous faisons l'ornement de nos salons européens. Leurs troncs énormes s'augmentent sans cesse, de racines ligneuses qui descendent des branches, pour former à leur tour, de nouveaux troncs. Ils atteignent ainsi un développement prodigieux, égalé seulement par leur fabuleuse hauteur.

Et l'allée des magnolias, celle des Chameréops, celle des Lataniers !

A l'extrémité lointaine de l'avenue des palmiers, l'azur méditerranéen met sa tache bleue, dans la verte trouée : en allant à ce bleu, on arrive à l'oasis *Sainte-Marie*, bordée par la mer. Adoucies et chantantes, les vagues meurent au pied d'un groupe de hauts palmiers, dont les fûts sveltes, élancés, s'épanouissent en gerbes élégantes. Entre les troncs écaillés, on voit Alger, estompé de blanc, entre l'azur du ciel et celui des eaux.

J'aurais encore à parler des siccas superbes, des yuccas gigantesques, aux grappes fleuries, serrées et compactes ; des bananiers aux fruits tombants ; des philodendrons au feuillage troué, dont la fleur s'ouvre dans une conque d'albâtre !... Je ne finirais pas !

Aussi, faut-il sortir de ce merveilleux Eden et prendre une tasse de café maure au *café des platanes*, placé en face de l'entrée.

Quelques arabes, jeunes et vieux, sont assis autour des tables, à l'ombre d'immenses platanes, frères de ceux du jardin. Le *Kaouadgy* nous apporte le plateau chargé des mignonnes cafetières, contenant chacune la valeur d'une tasse. Le *Kaoua* est parfumé et excellent.

Près du café est une fontaine arabe, très ancienne et

très pittoresque. Un cintre à la frise découpée se détache
en saillie, d'un mur découpé aussi et encadré de verdures.
Sous ce cintre, un robinet primitif verse dans une auge
vermoulue, l'eau fraîche que viennent boire les petits ânes
agiles ou les chameaux indolents. Pendant que son *bourrico* se désaltère, l'arabe drapé dans son burnouss, s'assied
sur le rebord de la pierre, avec ses grands airs nonchalants.

Le *bourrico algérien* est *quelqu'un*. Sa tête fine, allongée,
est bien arabe Son regard exprime la résignation de
l'humble, mélangée d'une certaine indépendance. Quand,
attaché à une porte, il attend patiemment son maître, il
semble méditer tout un plan d'évasion qui ne sortira
jamais de sa cervelle d'âne, mais qui se devine au dres-
sement révolté de ses petites oreilles, et aux coups d'œil
furtifs jetés sur les chevaux qui galopent en liberté. Il
m'intéresse, cet alerte, intelligent *bourrico*, bas sur ses
courtes jambes et portant des fardeaux plus lourds que
lui !

L'arabe pauvre a deux esclaves: son *âne* et sa *femme*
qui, elle aussi, plie sous les lourdes charges comme une
bête de somme : *ânesse le jour, femme la nuit*, dit un proverbe local, qui s'adresse aux négresses, mais peut aussi
bien s'appliquer à la femme arabe.

Les mosquées d'Alger pâlissent au souvenir de celles
de Tlemcen. La conquête française en a fait disparaître
quelques-unes.

La plus ancienne sinon la plus belle, est la grande
mosquée: *Djama kébir* dont j'ai parlé plus haut.

8

Les musulmans d'Alger, plus intolérants que ceux de l'Oranais, exigent le déchaussement complet avant de pénétrer sous les arcades de leurs temples. Je me contentai donc d'un coup d'œil jeté sur l'ensemble de la grande mosquée, du fond de l'édifice.

Vaste, mais sans grand caractère, elle offre au *far niente* oriental, toutes les séductions de la fraîcheur et de l'ombre. Aussi ses coins mystérieux sont-ils le rendez-vous des somnolents. Dans une belle vasque de marbre, quelques fervents se livrent à leurs consciencieuses ablutions. L'eau ruisselle sur le bronze de leurs jambes maigres. Comment se fait-il, qu'avec tant de lavages, les Arabes ne soient pas plus propres ?

Le long du mur extérieur de la grande mosquée, se prolonge une galerie d'arcades dentelées, retombant sur des colonnes en marbre blanc, du plus gracieux effet. Ce sont les arcades de la Marine qui conduisent à la petite mosquée de la Pêcherie, dans laquelle je n'entrai pas davantage. Je l'ai regretté plus tard, en apprenant qu'elle possède un précieux manuscrit du Koran, enluminé avec une richesse d'ornements qui dépasse de beaucoup, paraît-il, ce qu'ont exécuté nos moines du moyen-âge.

A droite de la grande Mosquée et sur la place du Gouvernement, un large escalier descend à la Pêcherie, un des coins pittoresques d'Alger.

Une ruelle, bordée de fruiteries indigènes et de restaurants, commence où finit l'escalier et conduit dans le grand Hall où, sur de longues tables de marbre blanc, s'empilent ou s'étendent les poissons de la Méditerranée. Leurs écailles brillantes reluisent dans la vive lumière, s'irisant de tous changeants, fondus dans un miroitement argenté. Des pêcheurs Maltais, coiffés du bonnet rouge, offrent et vendent aux ménagères les coquillages variés : moules, clovis, huîtres, que les étrangers et les matelots vont manger, près de là, dans de petits restaurants à la mode, installés sous les voûtes que recouvre la place du Gouvernement.

Avec quelques douzaines d'excellentes huîtres, une bouillabaisse exquise, un filet aux pommes, digne de Bignon ou du Café de Paris, on fait un déjeuner de gourmet, en écoutant les boléros de guitares espagnoles, accompagnées de castagnettes, qui viennent ajouter leur note originale au pittoresque du lieu et de ses alentours.

Moins grande que *Djama-Kébir*, mais bien plus curieuse, est la jolie Mosquée *d'Abd-er-Rahman*, située entre la *Casbah* et le jardin *Marengo*, qu'elle domine.

Elle tire son nom d'un *Ouali*, célèbre chez les Musulmans, par sa naissance, ses vertus et sa science théologique. Il vivait au XIVᵉ siècle (788 de l'hégire) et fut enterré là, en 1471 (875 hégire).

La *Koubba* est renfermée dans la Mosquée, à laquelle on arrive par des rampes d'escaliers de marbre, étagées le long des escarpements de la colline. Au seuil du tombeau, désireuse d'y pénétrer, je me déchausse héroïquement et, revêtue des babouches consacrées, j'examine à loisir, les riches étoffes vertes, jaunes, rouges, qui pendent en frises de théâtre, des hauteurs de la voûte ; les lustres de cristal, les lanternes bariolées, les œufs d'autruche pomponnés, les miroirs et les tableaux, enfin, tout l'attirail pompeux des mausolées musulmans. La châsse, revêtue comme à Sidi-bou-Médine, de splendides tentures, semble un grand lit de repos Des dévots arabes prosternés à l'entour, les baisent avec ferveur en murmurant de mystérieuses prières. Le chapelet à gros grains, qu'ils portent en collier, m'indique leur qualité de *Hadji* (pèlerins de la Mecque) (1). Entre temps, ils vont boire à une aiguière antique, quelque eau miraculeuse et reprennent leurs *salamalecs*.

La sortie du Marabout débouche sur un petit cimetière, près d'autres Koubbas moins célèbres. L'herbe croît dans le carré long, encadré de pierres plates et terminé aux deux extrémités par une sorte de dossier cintré, qui donne à une tombe musulmane, l'aspect d'un de ces antiques berceaux de bois, encore en usage dans quelques campagnes. Des formes blanches de mauresques errent au travers de ces tombes : On dirait les ombres ensevelies là, sorties de leur nuit pour revoir un instant, la belle lumière du jour !

Le temps est admirable. Le blanc minaret découpe sur le bleu profond du ciel, son triple rang de cintres à colonnettes, alternés de faïences vives. Un superbe pin maritime, sorti de la pierre, l'ombrage de ses ramures sombres. A quelques pas, un palmier isolé déploie l'évantail de ses palmes, dans l'atmosphère rayonnante, et toute la masse crayeuse des coupoles étagées de la mosquée semble une colline de marbre, entre l'azur du ciel et le vert intense des ombrages touffus du jardin Marengo.

(1) Tous les musulmans doivent faire, au moins une fois, le pèlerinage de La Mecque : les fervents le font plusieurs fois.

Une procession de mendiants et d'aveugles s'échelonne le long des rampes de l'escalier de Sidi-Abd-er-Rahman. Les uns, tapis dans les angles, égrènent tout haut leur chapelet et l'interrompent pour vous crier d'une voix gutturale : *Thatini ala ouedjh Sidi-Abd-er-Rahman ou ala Krathon ou ala Khrater Rabbi* (Donnez-moi par la face de Sidi Abd-er-Rahman, pour l'amour de lui, pour l'amour de Dieu). C'est une cour des miracles : on ne sait à qui entendre : les mains se tendent, les sébiles s'agitent, les bénédictions suraiguës vous brisent le tympan...

Dans un coin de terrasse, un groupe de mendiantes kabyles a installé sa smalah, sur une natte effiloquée. Trois ou quatre enfants s'y ébattent. Le plus jeune, âgé de quelques mois et tout nu, est un petit bronze vivant, animé par la caresse brûlante du soleil. La jeune mère accroupie, belle de fièreté sauvage, se drape de lambeaux et de sequins : la balustrade de marbre et le ciel encadrent ce joli tableau à la *Decamps*.

Tous les coins de l'Algérie sont peuplés de ces groupes exquis qui feraient le bonheur des peintres amoureux de la couleur ! Et pourtant, le nombre de ceux qui ont compris, aimé, ce pays singulier, est relativement restreint. — Pourquoi ? Est-ce parce qu'il y a plus de gens de métier que de vrais artistes et que, dès lors, les admirations de convention l'emportent sur le vrai pittoresque ?

Le jardin Marengo contourne ses allées ombreuses sur les pentes de la colline, depuis la mosquée jusqu'à la partie plane de la ville, offrant aux promeneurs la fraîcheur de mille recoins solitaires plantés d'orangers, de palmiers, de yuccas, de bella ombra et d'araucarias. Les coquettes mauresques recueillent les fleurs tombées des orangers, pour tresser les longs colliers dont elles aiment à se parer. Nous nous sommes amusées, pendant un instant, H... et moi, à suivre les traces de deux d'entre elles, dans cette neige odorante.

— Un mandarinier de l'allée fleurie avait encore ses fruits et, sur ses branches, un rosier blanc avait jeté sa floraison : petites roses immaculées et petites pommes d'or s'enchevêtraient, dans un ravissant fouillis.

Une grande vasque de marbre, d'où s'échappe une nappe d'eau transparente, indique le centre du jardin et, sur les pentes des talus, toute une végétation folle envahit les espaces vides, de son exubérance désordonnée : grands ricins vivaces, cactus argentés, grises absinthes, lances fleuries s'élançant des touffes d'acanthes, tamarins, géraniums grimpants, semant de notes écarlates la gamme des verdures : c'est un pêle-mêle échevelé, inextricable et superbe. — Du haut du jardin, près d'un kiosque faïencé planté comme une guérite, sur une petite esplanade, l'œil ravi embrasse tout le décor, depuis la blanche mosquée jusqu'à la mer bleue, en passant sur les cîmes vertes : le temple immobile, les verdures ondoyantes sous la brise, les eaux scintillantes sous le soleil, sont trempés de cette lumière d'Orient, si sereine dans son immuable limpidité.

L'architecture mauresque a laissé, à Alger, d'élégantes traces que le touriste peut aisément retrouver, en visitant quelques anciennes habitations turques occupées par des fonctionnaires du gouvernement français. Le palais du

Gouverneur, l'Archevêché et le bâtiment occupé par le Musée et la Bibliothèque, sont les plus intéressantes.

Le palais du Gouverneur a été retouché. Il ne reste des temps passés que la délicieuse galerie, ajourée et brodée, qui sert de petit salon.

Je réserve mes admirations à l'Archevêché qui est un bijou : depuis les panneaux sculptés des portes de cèdre jusqu'aux plafonds découpés en losanges, dont les tons rouges et verts s'enlèvent sur un fond d'or de la plus grande richesse, tout est splendide : les murailles stuquées, la fine balustrade en bois brun de la galerie, les mosaïques de faïence nuancées, sur fond vert, qui décorent les places laissées vides par l'arabesque et, surtout, la merveilleuse galerie des femmes avec sa coupole ajourée, coiffant le *voluptueux Retiro* où, sur les divans moëlleux, dans une mystérieuse obscurité, venaient dormir ou rêver les sultanes !...

Quelle vie paradisiaque évoque la vue de toutes ces choses ! On croirait pénétrer dans la réalité d'un conte des *Mille et une Nuits*, si la présence de fauteuils modernes, bourgeoisement alignés, ne rappelait, trop vite, à la réalité ! Les rigides soutanes ont remplacé les gazes flottantes, voilant les chairs ambrées, parfumées, des favorites, car Monseigneur a fait son salon de réception de cette galerie où, dans l'ombre indiscrète, murmurent *d'autres souvenirs*..... singulière antithèse des destinées ! les palais, comme les hommes, en subissent les ironies.

La Bibliothèque et le Musée sont installés dans l'ancienne habitation de *Mustapha Pacha*. — Un beau vestibule orné de colonnes de marbre, reliées par des arcades ondulées, conduit au rez-de-chaussée occupé par le Musée.

Entre choses intéressantes, je remarque quelques antiquités romaines, un beau torse de Vénus, des fragments de mosaïques, des pierres tumulaires, des poteries et surtout le moulage de *Géronimo*, ce Maure devenu martyr chrétien, enfermé dans un bloc de pisé, au Fort des Vingt-Quatre Heures, en 1567, et retrouvé d'une manière inespérée, en 1853.

Mais, ce que je regarde avec plus d'intérêt encore, c'est la belle fontaine, ombragée de palmiers, où chante l'eau cristalline, placée au centre de la cour ; la fine dentelle de bois peinte en vert, qui fait balustrade, autour de la galerie ; les colonnes de marbre à cannelures torses, reliant des guirlandes de pampres ; les carreaux de faïence encadrant les fenêtres grillées et la chevelure légère d'herbes folles, poussées entre les tuiles de la terrasse, qu'elles bordent de leurs fines brindilles.

Le premier étage renferme la Bibliothèque qui possède 35,000 volumes, imprimés, manuscrits arabes ou documents divers. Les seuls manuscrits arabes s'élèvent au chiffre de 700.

Beaucoup d'indigènes lettrés viennent passer là, de longues heures, courbés sur de vieux parchemins, dans l'attitude méditative qui leur va si bien : les traits figés par l'attention muette, absorbés par la lecture comme ils le sont par la prière, dans leurs mosquées, ils ne daignent pas donner un regard à la foule d'étrangers qui circulent dans la longue galerie, bourrée d'in-folio, de cartes et d'estampes. Je regardais l'un d'eux, ouvrant avec respect un vénérable bouquin en forme de portefeuille, recouvert de vieux maroquin ridé ; il en tournait lentement les feuilles jaunies. Etait-ce un livre d'histoire et venait-il chercher là, les souvenirs consolants de la gloire du passé ?

La Cathédrale est au centre de tous ces monuments, auxquels elle emprunte son ornementation mauresque, car elle est faite, elle-même, des reliefs d'une ancienne mosquée et la restauration moderne qu'elle a subie, y a ajouté une enluminure criarde, assez malheureuse.

Cette petite place *Malakoff* où s'élèvent la Cathédrale, le palais du Gouverneur et celui de l'Archevêché, est le nœud central qui relie les rampes de la *Casbah* et les rues de la ville française.

A sa gauche, la rue de *la Lyre* offre aux passants l'assemblage varié des boutiques d'industrie locale (tailleurs, brodeurs ou cordonniers, travaillant presque dans la rue) et des bazars indigènes, remplis de curiosités.

Si, à la touristomanie, vous joignez la fantaisie morbide de faire le vide dans votre porte-monnaie, vous trouvez là, matière à la satisfaire : cuivres repoussés, africains ou asiatiques ; tapis du Maroc et nattes d'alfa ; haïks, gandourahs ; étagères en bois multicolore ; petits meubles, incrustés de nacre ou d'ivoire ; armes damasquinées, de Perse ou du Maroc ; couteaux affilés, à manches de bois grossier, du kabyle ; grands chapelets d'ambre ou d'ivoire ; babouches brodées ; œufs d'autruche transformés en lanternes ; riches étoffes lamées d'or ou d'argent ; aiguières en cuivre ciselé ; bijoux kabyles, algériens ou tunisiens.... vous n'avez qu'à choisir dans la variété des bibelots étranges, pittoresques, enluminés, que fournit l'Orient.

Les somnolents Arabes qui gardent ces boutiques, attendent les chalands en fumant ou en causant sur leurs divans, d'où ils ne bougent guère. Leur philosophie ne fait pas un effort pour vous séduire. Si vous demandez à l'un de ces *impassibles,* le prix d'un objet, il vous le jette dédaigneusement du bout des lèvres, sans déranger une ligne de son visage, ni un pli de son burnouss. Il vous *oblige* en vous servant et ne se donne pas la peine de débattre ses intérêts : Combien ? Tant : C'est à prendre ou à laisser.

Quelques marchands sont installés dans de jolies maisons mauresques de ce vieux quartier. Tel *Abdérame,* chez qui l'on peut aller pour le seul plaisir de jouir de l'effet charmant, original, de tous les oripeaux superbes qui tombent des galeries, mêlant leurs chatoyants reflets, leurs étourdissantes couleurs : vrai musée, bourré de curiosités inédites pour des yeux européens !

Quelle habitation féérique ne pourrait-on pas se créer, avec ces tentures éclatantes, ces meubles nacrés, ces cuivres repoussés, ces miroirs arabes; ces panoplies d'armes anciennnes, dorées, ciselées, incrustées; ces lanternes bizarrement coloriées; ces poteries aux décors singuliers, aux formes antiques... surtout si, transformée en riche Mauresque, enveloppée de voiles, couverte de sequins, on prenait le *la* de ce fulgurant diapason ?

Dans une tonalité plus vulgaire, je retrouve la même chaude couleur au marché de la place *de Chartres,* rempli tous les matins de maraîchers, surtout indigènes ou Maures, qui offrent aux ménagères et aux flâneurs les produits africains, avec plus d'entrain que les marchands de la rue de la Lyre n'en mettent, presque... à vous les refuser. *Que veux-tu, Madame?* entendais-je au passage, de tous côtés, lorsque je m'arrêtais devant les échoppes bondées d'oranges, de dattes, de pastèques, de bananes, de citrons, entassés dans les corbeilles, mêlés aux bouquets de fleurs ou d'artichauts et aux bottes d'asperges sauvages, mariant leurs tons et leurs parfums. Les noirs petits *Biskris* courent au travers, offrant à vos provisions l'hospitalité de leurs *couffins* : c'est un mouvement, un bariolage, un ondoiement de vie, de bruit et de coloris, étourdissant.

Au-dessus de la rue de la Lyre, habitée par le commerce indigène, se prolonge la rue *Randon*, habitée par les Juifs. Mais, que de cordonniers allongent le fil sur le seuil des boutiques ! Le vieil ancêtre de la race maudite, l'éternel marcheur, le *Juif-errant*, aide-t-il à la consommation de toutes ces chaussures ?

Aux fenêtres, quelques belles juives aux tresses noires, richement vêtues, penchent leurs fins profils d'où s'échappe la flamme d'un regard provocant.

Au delà de cette rue, commencent les rampes de la *Casbah* (1).

Les rues montueuses, formées de degrés d'abord insensibles, conservent au début une certaine allure spacieuse.

(1) Casbah veut dire *citadelle.* Par corruption, le nom désignant l'ancienne forteresse turque, située au sommet de la ville arabe, s'est étendu à tout le quartier indigène.

Peu à peu elles se resserrent, s'enchevêtrent et se dressent à la façon d'un labyrinthe inextricable, qui monterait à je ne sais quel mystérieux Inconnu.

Et cette impression est surtout vive, lorsqu'on fait cette ascension le soir, sous la clarté pâle de la lune éclairant de lueurs indécises, les replis tortueux des ruelles grimpantes où s'ouvrent, à tous les angles, des voûtes étroites conduisant à des profondeurs noires. On tourne, l'on retourne; on monte et l'on redescend pour revenir au point de départ, d'où l'on repart encore, au hasard des circuits inattendus et trompeurs. — Ici, les maisons se rejoignent absolument, dans leurs parties surplombées; là, un ruban de ciel coupe la masse blanche des maçonneries rapprochées.

L'existence arabe, luxueuse à l'intérieur, se revêt extérieurement d'austère simplicité. Peu d'ouvertures à ces maisons basses; seulement, quelques lucarnes grillées encadrant, d'ici et de là, le visage maquillé d'une mauresque. — Si les portes massives, au cintre orné de rosaces reposant sur des jambages de marbre, qui ferment ces demeures, pouvaient s'entr'ouvrir, on surprendrait peut-être, au passage, un écho, un chant, un murmure d'eau, quelque bruit de vie...... mais du dehors, le silence les enveloppe.

Les notes perlées d'un rossignol en cage s'égrènent parfois dans l'ombre d'un carrefour isolé; l'on écoute, surpris, et l'on regarde, sans voir autre chose qu'une muraille discrète, surmontée d'une touffe de palmiers: l'oiseau et la femme sont là, derrière les soupiraux de leur prison; l'oiseau chante; la femme regarde, peut-être, le promeneur attardé..... qui ne sera jamais pour elle autre chose qu'un passant, car son seigneur et maître met en pratique, ce proverbe d'un livre de sagesse conjugale à l'usage des Arabes :

Quand la femme a vu l'hôte, elle ne veut plus de son mari.

Cette partie retirée, aristocratique, de la Casbah touche au quartier commerçant, plus remuant. Des boutiques, des cafés, des écoles et des mosquées s'ouvrent dans l'épaisseur des murailles. Le fruitier *Mzabite* (1) est voisin du barbier. La variété de ses denrées multicolores, fruits, légumes, confitures orientales, bâtons de miel, font de son étroite échoppe une mosaïque de couleurs inharmoniques ; lui-même, dans sa longue dalmatique bigarrée, en est une autre, détachée de l'encadrement, qui ne lui laisse guère d'autre place que celle de sa personne.

De ternes lumignons éclairent mal les fonds obscurs et le gaz est rare dans la rue.

Dans les cafés, couchés ou assis sur les banquettes, accroupis sur le seuil, les Arabes fument, dorment ou écoutent, attentifs, le long récit d'un conteur à barbe blanche, récit de guerre ou d'amour, qui a le don de captiver jusqu'au *Kaouadgy,* resté silencieux dans la niche cintrée et faïencée où il fait sa petite cuisine. — Si l'on s'arrête pour écouter, on saisit dans les lambeaux de phrases prononcées d'un ton grave et lent, le nom, souvent répété, du héros ou de l'héroïne.

(1) Le Mzabite est l'Auvergnat de l'Algérie. Econome et travailleur, il est fruitier, boucher, commissionnaire. Quand il a réuni quelque pécule, il retourne au *Mzab,* auquel il reste très attaché.

Un accompagnement sourd de tambourin et les notes aiguëes de la *Gaïtha* s'échappent d'un autre café. Là, de jeunes indigènes de 12 à 14 ans, parodient la *danse du ventre* devant l'assemblée charmée, aux accords stridents d'un orchestre nègre.

L'on monte encore. Quelquefois, dans une impasse obscure, une porte s'ouvre, tout-à-coup, laissant voir, pendant la durée d'un éclair, une *Ouled-Naïl* (danseuse) reluisante de bijoux, se balançant ou plutôt se déhanchant, en suivant les ondulations d'une légère écharpe qu'elle soulève au-dessus de sa tête, avec des mouvements doux et nonchalants. Une vieille mauresque survient, jette une exclamation de colère dans la baie de la porte qui se referme soudain, sur l'*Almée* entrevue !

Dans cette ville étrange, pas de fausse note moderne, si ce n'est l'image enluminée du général Boulanger, aperçue dans un café et, sans doute, fort étonnée de s'y trouver ! Mais n'oublions pas que les Arabes sont de grands enfants, amoureux des contes de fées et des panaches.

Il est onze heures du soir et la Casbah entière jase, chante et veille encore. Une population bizarre circule dans ses nombreuses artères : riches Maures regagnant leurs hautes demeures ; négresses dont les formes opulentes s'enveloppent d'un méchant haïk; brunes juives aux cheveux nattés, au visage enluminé par le fard, droites et minces dans leur fourreau de soie; nègres titubant ou s'offrant à vous servir de guide ; arabes aveugles conduits par leurs solides *matraques* (1), dans le hasard des ruelles; formes blanches, glissant le long des murailles sombres et

(1) *Matraque*, bâton noueux des arabes.

s'enfonçant avec des frôlements d'outre-tombe dans la pénombre des voûtes..... On croit se promener dans un rêve, perché aux abords d'un ciel fantastique, où vont se perdre toutes ces impasses sans issue, tous ces fantômes silencieux.

Le passage de ce rêve oriental à la réalité bourgeoise se fait brusquement, sans transition, à la section bien définie des deux villes, qui se touchent sans se confondre. Quelques pas séparent complétement deux civilisations qui ne se fondront jamais l'une dans l'autre, trop séparées par des différences essentielles de races, de croyances et de coutumes. Les besoins modernes de la colonie empiètent malheureusement, peu à peu, sur ce dernier refuge des vaincus. Si la *Casbah* disparaît un jour, Alger restera une belle ville française, admirablement située : elle ne sera plus intéressante pour l'artiste, ennemi du banal et amoureux de l'imprévu.

Une de mes dernières promenades algériennes me conduisait au cimetière arabe, voisin du Jardin d'Essai. C'était un vendredi, jour consacré par les Musulmanes à a visite des morts. Elles partent en troupes nombreuses remplissant de leurs *haïks* les voiturins et les corricolos, qui conduiseut à *Hussein-Dey*. Au cimetière, elles font cercle autour des tombes, babillent et goûtent des friandises apportées, dont une part, réservée aux morts, sera déposée dans l'orifice préparé à cet usage. — Ce singulier garde-manger, où viennent picorer les oiseaux du ciel à défaut des ombres, est voisin d'une autre ouverture destinée à la boisson.

Comment cette précaution gourmande s'arrange-t-elle
avec la croyance en un Paradis de délices, où coulent le
lait et le miel ? N'est-ce qu'un touchant symbole du
souvenir gardé aux disparus, dans les agapes terrestres ?

Les femmes mauresques se revêtent de leurs plus riches
atours, se couvrent de bijoux pour cette visite mortuaire
où les hommes ne sont pas admis. Les étrangères ont la
possibilité de les voir là, dans tout le luxe de leur beauté
et de leurs parures. Charmantes avec les Françaises qui
les admirent, elles se laissent regarder complaisamment,
mais impossible de nouer avec elles, la moindre conversa-
tion : *Makasch français* (je ne comprends pas) est tout ce
qu'on peut en tirer. Il faut s'entendre par signes, compter
sur ses doigts pour leur demander leur âge : c'est de la
mnémotechnie aérienne. Près d'une de ces tombes entourées,
j'avais distingué un groupe babillard qui excita ma curiosité.

Il y avait là, quatre femmes voilées : grand'mère, mère,
jeune femme et jeune fille, tout un gynécée. Un bébé
dormait sur les genoux de la jeune femme. La mère
jasait et riait près du mort, avec des yeux à damner les
vivants. Sur un signe, elle veut bien se dévoiler et nous
laisse voir un délicieux visage et tout un étalage d'orfèvre-
ries scintillantes sur sa poitrine nue, de bracelets d'or et
de cercles d'argent à ses bras superbes. Une violente
odeur s'échappait de ces luxueux brimborions, de cette
femme, elle-même, imprégnée de parfums. On eût dit
qu'en enlevant son haïk, elle avait levé le couvercle d'une
cassolette. C'était la femme d'un simple *Chaouch.*

Les Mauresques ont *toutes* de grands yeux veloutés,
allongés par le *Kohl,* d'une douceur alanguie très sédui-

sante ; mais toutes n'ont pas le nez fin, légèrement busqué ; les lèvres gracieuses, quoiqu'un peu saillantes ; la peau ambrée, le sourire mélangé de coquetterie féminine et de grâce enfantine, qui caractérisent la beauté mauresque. Des traits vulgaires, une face large et plate où s'écrase un nez épaté, se cachent trop souvent sous le voile menteur. Les yeux seuls sont toujours beaux.

On rencontre beaucoup de femmes *Kabyles* dans Alger. Elles y apportent les produits de leurs montagnes, poteries, tissus, bijoux et denrées de ce pays de travailleurs, appelé avec raison, la *Suisse algérienne*.Leurs affaires terminées, on les voit se promener par bandes, le long des boutiques de la rue *Bab-Azounn*, le visage découvert, le corps enveloppé de draperies flottantes, retenues par une large ceinture lâche ; la tête coiffée d'une sorte de casque d'où pendent des sequins ou des pierres de couleur, serties dans le vieil argent ; les bras et les jambes ornés de larges bracelets massifs.

Elles sont robustes et grandes ; leurs formes superbes expliquent leur réputation de beauté. Leur costume a gardé quelque chose des allures romaines, de même que la céramique kabyle reproduit les amphores antiques.

Faut il faire remonter ces deux traditions, conservées dans la Kabylie, à l'occupation romaine, ainsi que l'avancent les historiens Berbères ?

Un de mes vifs désirs eût été de visiter cette province montagneuse, si voisine d'Alger; mais les derniers jours d'avril s'approchaient et, avec eux, le terme forcé de mes pérégrinations.

La veille de mon départ, je faisais avec L..., et H... une dernière promenade le long de la route des *Aqueducs* qui domine la baie, la ville et les faubourgs de Mustafa.

Tout le merveilleux panorama se déroula encore une fois sous mes yeux, impuissants à tout voir et à tout retenir : la beauté du ciel empourpré par le soleil couchant; la mer moirée de frissons lumineux ; les montagnes de la Kabylie noyées dans les lointains bleuâtres... et, plus près, tout le cortège des verdures et des floraisons nous précédant et nous suivant, sur les contours en lacet de la haute route :

Pâles Eucalyptus, au feuillage éploré ; sombres caroubiers ; souples palmiers balancés par les vents de la côte ; grands cactus épineux, ficus lustrés, aloës en fleurs, lianes folles..... quand vous reverrai-je ? ? ?

E finita la comédia!..... Le rideau allait tomber sur cette féerie d'Orient !

Le lendemain, à midi, je m'embarquai, encore sur la *Ville de Rome,* où chacun me souhaitait une meilleure traversée qu'au départ de France. Le ciel radieux semblait me la promettre.

L'ancre détachée, le grand Transatlantique m'emporta loin de ces rives enchantées où j'avais erré avec tant de charme, m'enivrant de soleil, d'air pur et de coloris.

Longtemps je regardai fuir, dans la nue bleue, les blancheurs de la *Kasbah* et les verdures des plateaux... Puis, tout s'effaça, sinon le souvenir vivace, lumineux, de mon séjour africain !

A. B.

www.ingramcontent.com/pod-product-compliance
Lightning Source LLC
Chambersburg PA
CBHW070944100426
42738CB00010BA/2077